トップ2%に密かに伝わる家庭教育

IQ200 グローバルキッズが育つ魔法

3~8歳

ピグマリオン恵美子
一般社団法人Global Kids'Mom代表理事
English School「オギクボカフェ」校長

三笠書房

はじめに

子どもの人生を桁違いに変え、ママも圧倒的にラクに楽しくなります

「IQ200ってどんな子?」

アインシュタイン? ギフテッド? 数学オリンピックで入賞、有名小学校に合格、テニスで日本選抜、舞台のオーディションに選考、英語スピーチコンテストで入賞……?

本書でご紹介する「IQ200グローバル教育メソッド」では、そんな子どもたちが確かに、続々と育っています。

でも実は、もっと幸せな真実があるのです。

「IQ200 **グローバルキッズ**」は、たんにテストの点数や偏差値が高い子、ということではありません。**優しく賢く、なんにでも挑戦する、心豊かで主体的な子どもに育つのです。**そしてその気質は、大人になっても変わることはありません。

このメソッドを実践されたご家庭の声を聞いてみると、

「子どもが生まれ変わったようです。私に言われる前に自分でやっていて、最近、叱って

ないんです！　帽子や園服をハンガーに掛けるし、この前はお弁当箱を自分で洗っていました！　信じられない！」

「私が食事もしないでテレワークしていたら、5歳の息子がご飯を炊いておにぎりをつくって部屋まで持ってきてくれて……感激して泣きました」

「引っ込み思案だと思っていたら、年上の子や大人とも積極的に話しているので驚きました」

「6歳の次男はなんでも雑な子でしたが、一つひとつの遊びを丁寧にやるようになりました。そのせいか観察力も高まって、それまで気づけなかったことも見えてきて、鳥の絵に産毛《うぶげ》や水かきも描いてありました。小学校受験にも合格しました！」

　このように、親が涙するほどの変化がお子さんに表れています。

　しかも、**お母さんたちにも想像を超えるうれしい変化が訪れます。**

「こんなに忙しいうえに家庭教育なんかできないと思っていたけれどＩＱ２００グローバル教育の学習遊びを始めたら、**子どもたちがママと学習遊びをしたいからと食器洗いや風呂炊きをしてくれるので、遊**

べて時間も余るくらい。驚いています！」

「保育園に歩いて向かう10分が、娘とのＩＱ２００グローバル教育の時間です。以前は早く早くとしか思っていなかったけど、今は子どもの可愛いさや自然の美しさを堪能する幸せな10分になり、**私の体調もよくなりました**」

「毎日ネットで子育て情報を見て『ほかの子はこんなにできるんだ』と心がザワザワする日々でしたが、今は『すごい子がいるけど、うちの子もすごい！』と楽しく見られます。**子どもを伸ばすのは、母である私だと腹が据《す》わりました**」

「子どものすべての提案に対して、『いいね』『すてきだね！』とポジティブな言葉を返せるようになりました。**自分の仕事や周りとの関係もポジティブになった気がします**」

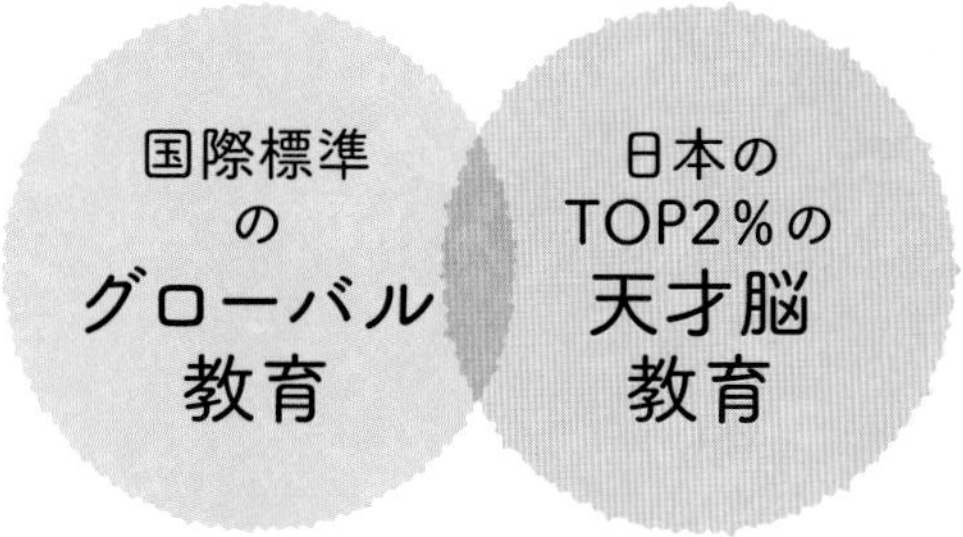

たった3ステップで幼児教育のプロもあ然！

子どもの人生が桁違いに変わる。そしてママも圧倒的に子育てがラクに楽しくなる。

どうやったらそんなことが起きるのでしょうか？

ここで重大な秘密を一つ、明かしましょう。

実は、98パーセントの親御さんは、残念な努力をしています。

子どもを頭のいい子に育てようとして、流行りのドリルや優れた幼児教室がないかと探し求めます。

まず子どもを変えようとして、その解決法を外へ求める。その結果、親も子も時間に追われ、親子の距離が離れ、満ち足りた気分になれない……。目先のテストの点数は少々上がるでしょうが、いつも不安で将来を心配している。

でも、日本のトップ2パーセントの親御さんがやっていることは、反対です。

まずは、子どもではなくお母さん自身が変わる。そして、日常を学びに変えて、親子で楽しく知識や能力を育みます。どこのおうちでもできる、遊びや家事といった生活のワンシーンを最高の教育に変えているのです。

その結果、特別な勉強をしなくても遊びや生活の時間のなかだけで、総合的な知恵や知識を身につけられ、時間に追われることなく充実度や幸福度が増し、将来への不安も消えるのです。

最初にお母さんが変わること、そして日常生活そのものを大切にすることが、このような圧倒的な変化をもたらすのです。

トップ2パーセントの親御さんや、トップレベルの教育者たちは、この事実に気づいています。家庭こそが教育の場であり家庭教育こそ大事にすべきだということに。

本書は、日本のトップ2パーセントのご家庭が実践していることに、これからのグローバル社会で必要となる能力をプラスし、冒頭で紹介したような、幸福な「ＩＱ２００グローバルキッズ」を育てる秘密を明かしたものです。

やり方は簡単。次の３ステップだけ！

ステップ❶ お母さんが変わる

（難しくありません！　本書の第２章と第６章を読んで、一つひとつやってみるうちに、いつのまにか愛情豊かで明るく賢くキレイな母親になり、自然と毎日が幸福な出来事でいっぱいに変わっていきます）

ステップ❷ 一日10分、子どもと遊ぶ
（この遊びに、すごい秘密が隠されています！　詳しくは第4章で）

ステップ❸ 一日10分、子どもと生活を楽しむ
（日常生活には学びも喜びもいっぱい！　詳しくは第5章で）

このたった3ステップで、どんなご家庭でも2週間もすれば、目に見える変化が次々と起こりはじめます。

早いご家庭では、次の日から子どもが変わったという報告も！　そして2カ月たつころには、賢いお子さんとの愛情にあふれる日々が訪れます。

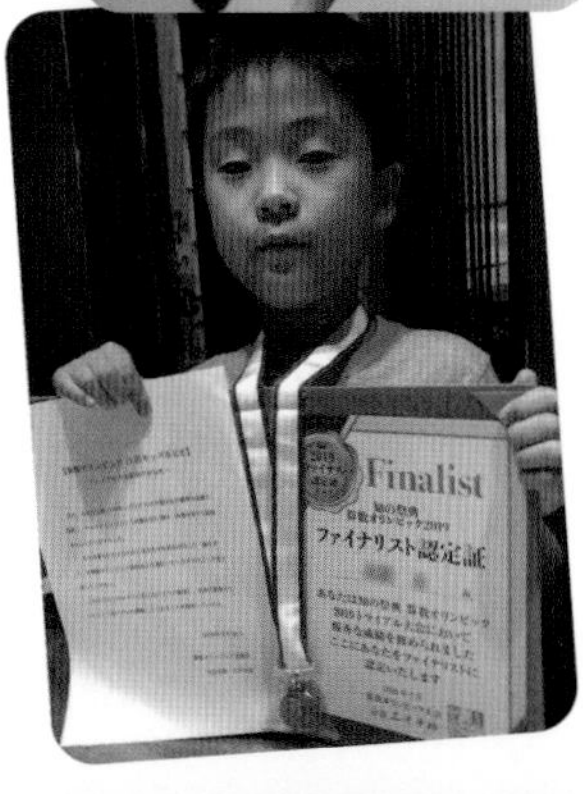

はじめに　子どもの人生を桁違いに変え、ママも圧倒的にラクに楽しくなります　2
■たった3ステップで幼児教育のプロも唖然！　5

第1章

一生モノの財産になるIQ200グローバル教育メソッド大公開！
——親が子にプレゼントできる人生最大の贈り物

IQ検査担当者も驚いた！「IQ200超え」というぶっちぎりの結果　18
就学前にスタートしている、天才脳をつくる日本独自の教育法　20
■小学校受験でわかった衝撃の真実　21
人生の土台をつくり、その上に個性や才能を伸ばす日本式教育　22
これぞ本物！　偏差値で比べ知識を詰め込む教育とは真逆のアプローチ　23
トップ2パーセントが重視するのは「非認知能力」　24
すごさの秘密は日本の教育とグローバル教育のいいところどり！　25
■8歳までに身につけたい「8つのグローバル基礎力」　26

Contents

伸びる子の親、伸びない子の親。天才キッズの親たちに学ぶ3つの秘訣　28
秘訣❶「日常で学びのスイッチON」が最強　30
秘訣❷ピグマリオン＝現実を超えて信じる　31
秘訣❸「ある」に目を向ける　33
教員免許やお金がなくても、プログラムがあるからできる！　36

第2章
IQは8歳までに高めなさい！
——賢いママは「脳の育て方」がうまい

そもそも「IQ」って何？　40
IQを高めて3つのハッピーを手にしよう！——収入・自己肯定感・ラク　41
タイムリミットは脳ができあがる前。早く始めるほど飛躍的に伸びる！　43
IQは「脳の器の大きさ」。小さいとご飯が盛れない　45
人の成長曲線、0〜3歳、3〜8歳、8〜12歳……各時期のポイント　46
2040年、わが子が社会に出るとき
世界はこんなに変わっている！　メタバース、AI……　49

第3章

「8つのグローバル基礎力」診断

――お子さんの成長と伸びしろが面白いほど見える！

8つの基礎力を見える化し、効率よく伸ばす！ 52
オール満点はどの子も達成可能！ 生まれつき不器用・コミュニケーション下手はいない 54
成長のゴールデンルール「8つの基礎力は影響し合って伸びる」 55
お子さんの「8つのグローバル基礎力」診断シート 58

1 探究心 ――「知りたい」本能！ ワクワクが一番の学びのスパイス
■AIにはない不思議がる力、面白がる力が人生を豊かにする 59
■子どもがやりたいことを止めてはいけない 60
■磁石一つで探究心の有無をチェックできる！ 61

2 思考力（算数的思考力・理科的思考力・読解力） ――一歩深く考える、これが圧倒的な学力を育む土壌に
■子どもは本来、自分で考える力を持っている。奪うのは誰？ 63
■子どもの「なぜ？」に親がとるべき正しい態度 64
■思考力が伸びる魔法の質問 66

Contents

3 運動能力――身体を思い通りに動かせると、やりたいことがあふれ出す！

■世界の常識！　運動能力を高めるとＩＱも高まる　68

■インナーマッスルが貧弱だと長く座れない。「雑巾がけ」が◎　69

4 巧緻性――「自分でできる」を叶える陰の立役者は、指先の発達

■巧緻性がＩＱに与える見逃せない影響　71

■なんでもやってあげていませんか？　72

■絶対禁止、こんなタイミングのトレーニング　74

5 自立・自己制御力――自分で自分の面倒を見ることが学びのスタート

■感情コントロールや善悪の判断に影響する　75

■時間感覚が身につく時計、日付感覚が育つスケジューリング　77

■天使ちゃんと悪魔ちゃん、どっちの声を聞く？　で理解できる　77

6 コミュニケーション力――助けや幸せを呼び込んで人生を彩り豊かに

■困ったときにこそ必要な力　80

■なぜ挨拶するのか教えましたか？　82

■恥ずかしくて挨拶できない子はこのトレーニングから　82

7 コンピテンス（思いやり、社会的スキル）――今後、一番必要になる力

■コンピテンスはどんなときに役立つ力？　84

何が違う？　嫌なこと、苦手なことでもやりとげられる子　85
社会における最小のチームで練習スタート！　86
何が違う？　異文化の人とわかり合える子　87

8 英語力——英語はツール。使いこなす基礎力を8歳までに

日本語も話せないのに英語を始めて大丈夫？　89
ますます二極化する英語力。どこまで必要？　90
欧米の実用英語基準CEFRとは　91
リスニング力の「英語耳」も8歳まで　94
発音がよくないからママの英語を聞かせたくない!?　95
英語の読み書きが効率よく進む「フォニックス」　96

第4章 一日10分 おうちインターナショナルスクールの基本の遊び
——天才キッズのママは「楽しい」を大切にする！

とことん楽しむ練習！——学ぶ楽しさを体得させるのが極意　98

Let's make cards! カードづくり

Contents

相手を想ってつくる季節のカードで、巧緻性も思考力もコンピテンスも育つ 103

Let's make decorations! オーナメントづくり
季節の飾りを毎年少しずつつくると、子どもの成長もわかる 108
モールを使ったオーナメント／切り紙を使ったオーナメント

Let's make signs! 標識づくり
社会のルールを理解し、自分と相手の気持ちを考えるきっかけに 114

Separating Trash! 仕分けゲーム
社会の仕組みを知ることで、楽しみながら社会に参加する意識を育てる！ 118

Yummy Desserts! デザートづくり
美味しくて探究心も思考力も育つ！ ぜひ定番のおやつに 124
ゼリー／野菜チップス

Spring Hunting. 季節集め
日本の美しい四季を感じ、分類することで仲間分けの概念を育む 130

Inside my head. 頭の中を当てっこゲーム
私の頭の中、知ってる？ 親子でguessするコミュニケーションゲーム 135

Feeling masterpiece! 見えないものを絵にしよう！
〝自分の感覚や感情〟という見えない世界をアウトプットしてみよう 140

第5章

一日10分　おうちインターナショナルスクール生活で日常を学びに

——料理、洗濯、風呂、掃除……etc.が最高の授業に変わる！

日常生活も明るく楽しいおうちインターナショナルスクールに！　144

■楽しくて仕方ない——このタイミングを逃さないで　145

1　**お料理の時間をIQ200グローバル教育に変える！**

キッチンに入れないなんてもったいない！　かわいいコックさんに任せて！　150

2　**お食事の時間をIQ200グローバル教育に変える！**

世界中が尊敬する思いやりの気持ちは毎日の食事の準備で育む　154

3　**お洗濯の時間をIQ200グローバル教育に変える！**

小学校入試でもよく出題される思考力＆生活力に直結！　158

4　**お風呂の時間をIQ200グローバル教育に変える！**

お風呂が実験室やアトリエに。グローバル知育の第一歩はここから　162

5　**お掃除の時間をIQ200グローバル教育に変える！**

掃除用具に興味津々。探究心をくすぐるアイテムがいっぱい！　166

6 おやすみ前の時間をIQ200グローバル教育に変える！

ほっとする小さな時間が素敵な明日への橋渡しになる 169

応用編 173

Contents

第6章

IQ200グローバルキッズのママたちの顔
——雰囲気、考え方、口ぐせ……etc. ママを見ればここまでわかる！

なぜパパではなくママなのか 178

天才児の親たちが呼吸をするかのように自然に実践しているルール 180

8歳までは100パーセント、親が子どもをつくる 181

魔法の言葉❶「誰とも比べない」
——うちの子はスペシャル！ 相対値ではなく絶対値で育てる 182

魔法の言葉❷「楽しいから繰り返す」——何度でも繰り返させるコツ 184

1秒で子どもをやる気にさせる、とっておきの方法 186

魔法の言葉❸「泥を塗らない」——親の価値観を押しつけない 187

魔法の言葉❹「答えは一つじゃない」——世界は多角的に考える力を求める 189

魔法の言葉❺「30年後を考える」——目線を上げれば、自然とわかる 192

魔法の言葉❻「親は先生じゃない」――親が先生になると子どもは…… 194
■親は完璧じゃなくていい！ 195
魔法の言葉❼「ママは太陽」――まず自分を満たすことが一番の教育効果 196
■マルトリやネガティブな気持ちは子どもの脳を傷つける 197
■1秒で太陽になれる！ 198
魔法の言葉❽「家族は最小のチーム」――ママはお手伝いさんじゃない 200
■家族のチーム力を上げるルール 201
■不参加だったパパを家族チームに誘い込む、順番の魔法 202
おわりに　あるママ友との絆《きずな》から生まれた誓い 204
■日本発祥の子どもが幸せになるすぐれた教育を、今こそ世界へ 206
参考文献 207

第1章

一生モノの財産になる
IQ200
グローバル教育メソッド
大公開！

親が子にプレゼントできる
人生最大の贈り物

IQ検査担当者も驚いた！「IQ200超え」というぶっちぎりの結果

はじめまして、著者のピグマリオン恵美子です。

私は、3児の母であり、世界で活躍する子どもを育てる母親の団体、「一般社団法人Global Kids'Mom（グローバルキッズマム）」の代表理事を務めています。

出産前は、小さいながらもIT系の会社を経営していた私は、ITの最前線で仕事をしながら、これからはAI化やオンライン化で社会がガラッと変わると肌で感じていました。

そのため、子どもが産まれるとすぐに、新しい時代に対応できる幼児向けスクールを探したのですが、結局入れたいスクールには出合えずじまい……。

新時代への危機感を抱いているママたちと東京・杉並の私の自宅で、これからの子どもたちに必須となるであろう**「英語」**と、今までの幼児向けスクールでは教えてこなかった、世界に通用する**「グローバル知育」**を行なう活動を、サークルとして始めたのです。

自分の子どもたちに最高の教育を施してあげたいという想いから、教育ママならぬ「教育マニア」となった私たちママは、世界の主たる幼児教育をくまなく研究し、幼児教育の専門家にも依頼して、自分たちの「英語&グローバル知育」サークルのカリキュラムに落

IQテスト結果

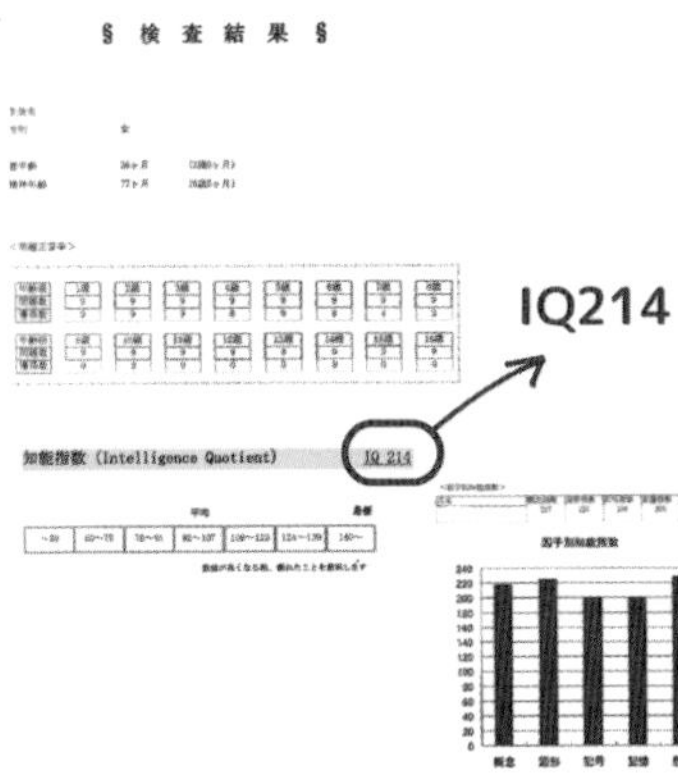

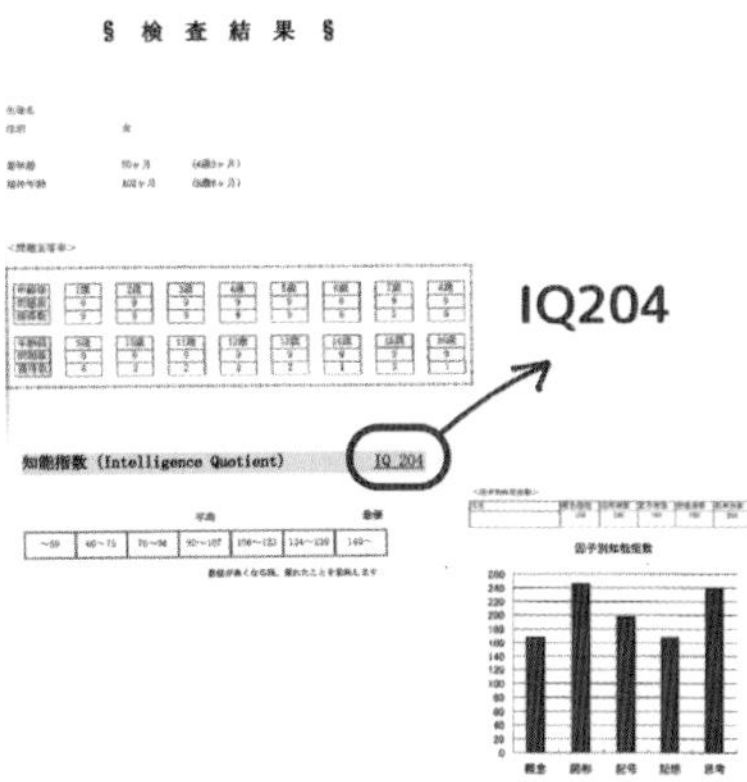

とし込んでいきました。アライアンスを組んだ大手ロボット教室の会社からは、英語でロボット教室をやるのは日本で初めてだと言われましたし、世界中の男の子が夢中になるイギリスMEL Science社のキットで英語実験教室を行なっているのも、日本でうちだけでした。

そうしていくうちに、サークルへの入会者は増えて「スクール」へと成長。子どもたちが夢中で遊んでいるだけなのに、「自然に英語を話しだした!」と口コミや噂で人気が高まり、いつしか順番待ちをしなければ入れない有名スクールになっていきました。

しかも、生徒たちのなかから、明らかに保育園や幼稚園でズバ抜けてよくできる子たちが出てきたのです。

あまりにもよくできるので、ある親御さんがお子さんにＩＱ検査を受けさせたのです。

すると、なんと、ＩＱ２０４という結果が!

ＩＱ検査の担当者からも**「ＩＱ２００を超える子どもは見たことがない」**と、驚かれたそうです（19ページの写真は実際のＩＱ検査の結果）。

わが家の子どもたちも同様で確かによくできる。こんなにできるなら小学校の受験をしたほうがいいんじゃない？　と複数のママ友から言われ、田舎育ちの私は、小学校受験というものがあることを初めて知りました。でも、子どもに強制的な勉強をさせたくなかったので今まで通り、自分たちの楽しく愛情豊かな「英語＆グローバル知育」を続け、それで万が一受かったら行こうか？　くらいの気軽な気持ちで「お受験」の門を叩いたのです。

就学前にスタートしている、天才脳をつくる日本独自の教育法

初めて経験する小学校受験の世界。なんと！　驚いたことに小学校受験では子どもを学力だけで合格させるのではなく、現代のグローバル教育で求められる「自立心」や「コミュニケーション力」「多様性」などの社会的スキルの高さで選ぶ試験が主だったのです。

つまり、日本の私立小や国立小の考査は、将来の日本をしょって立ち、世界トップに育つ可能性を持った卵を選ぶ試験であり、具体的には、読み書きや計算の能力ではなく、グ

ローバルに育つ基礎力があるかどうかを測っていたのです。

実際に息子が受けた小学校入試の一つに、こんな問題が出ました。

まず数組の4人グループに分かれ、各グループにバンダナ数枚とドッジボール用の大きめのボールが渡されます。ボールに手を触れないで、そのバンダナだけを使って指定の場所までボールを運ぶ速さをチームで競い合います。

会場で初めて会った子たちと協力してボールを運ぶために必要なスキルは、**コミュニケーション力、思いやり、思考力とあきらめない心、身体能力、指先の器用さ**などです。

小学校受験でわかった衝撃の真実

娘の小学校受験では、お祭りの夜店を模して、チームで工作した景品を売る「ごっこ遊び」が出題されましたし、日本の昔話の続きをチームで創作し、配役を決めて演じる「演劇遊び」もスタンダードな試験です。このように、**「総合的な考える力」や「人間力」**が試験の合否を決めるスキルだとわかりました。しかも、全員がリーダーにならなくてもいいというのです。長男は遠くにいる子に、指示を伝えに行ったり、誰もやらない工作のゴミを片づけたり、チームを組めばいつも縁の下の力持ちで目立ちません。幼稚園でも遊び仲間にも一度もそれをほめてもらえなかったのに、試験ではしっかりと評価されたのです。

これが日本の小学校受験の実態？　トップ2パーセントの子どもたちが受ける試験内容なの？　と、今まで世界中の主だった幼児教育を研究してきた私は、予想もしなかった日本の小学校入試の試験内容に驚きました。得意を伸ばし自分の意見を主張する、世界標準の教育とは少し違っていました。

人生の土台をつくり、その上に個性や才能を伸ばす日本式教育

小学校の受験対策としての教育法が俄《が》然《ぜん》、気になりだした私は、3人の子どもたちの受験時期を含め、10年間にわたって小学校受験について研究を続けました。

そしてわかったのは――、まずは「必要な基礎力」をしっかりつけて土台を固め、そのうえで個性を存分に伸ばしていく、ということ。しかもその基礎力を伸ばすためのトレーニングには、高価な教材や専門の講師が必要なわけではなく、日常の遊びや生活のなかに隠されている「学びの核」を、**親が計画的に意図的に刺激して**子どものなかで大きく育てていく、という方法だったのです。

これこそが**「大人になってから世界のトップに立ち、活躍する卵たちが身につけていた**

能力を解析したもの」——名門校で長年研究されてきた、日本人が世界で成果を出すために日本人に一番合った、日本発祥の素晴らしい教育なんだ!

それを知ったとき、まさに雷に打たれたような衝撃を覚えました。

これぞ本物! 偏差値で比べ知識を詰め込む教育とは真逆のアプローチ

今、日本で小学校受験をする子どもは年間約2万人。1学年の人口はおよそ100万人前後といわれ(2023年度の小学1年生は、約96万2500人)、残りの98万人の親は、この「天才脳を育てる日本独自の教育」に触れることはありません。これまで日本の98パーセントの親は、この教育法を知る術《すべ》すらなかったのです。静岡の田舎で育った私は、遊びやお手伝いよりも机に向かって勉強することをよしとされてきました。

ところが、日本のトップ2パーセントに受け継がれてきた幼児教育は、**親からたっぷりと愛情を受けながら一緒に遊んだり、生活したりするだけ**——。

もっともその遊びや生活は、子の能力の発達を促すよう、**親が計画的・意図的に行なっています。**そして子どもは、それを勉強だと意識することなく、自然にいつのまにか高い基礎力を身につけ、個性を伸ばし、やがて世界トップになる――という方法だったのです。

この素晴らしい家庭教育のプログラムが、なぜ今まで私たちに知らされてこなかったのか？　愕然《がくぜん》としました。この家庭教育法を親が知っているか知らないかで、子どもの将来が桁違いに変わってしまう！　しかもこの家庭教育を実践すれば、現在の日本で問題になっている、不登校やひきこもり、若者の自殺率の高さなどの問題解決になるのではないか？　偏差値で比べ、知識を詰め込む教育とは真逆のアプローチではないか？　となれば、一刻も早く日本中に伝えなきゃ！

こうして、コロナ禍でますます教育格差が広がる２０２０年に、私は「一般社団法人Global Kids' Mom」を立ち上げ、「ＩＱ２００グローバル教育メソッド」を広める活動を始めたのです。

トップ２パーセントが重視するのは「非認知能力」

ここで、日本のトップ２パーセントの教育が何を育てているのか、を明かしましょう。

わが家では３人の子どもが全員小学校入試を経て、名門私立小や国立小に入学しました。実際、自分の子どもたちが入学してみて知った世界は衝撃的でした。保護者たちは世界に

名だたる芸術家やスポーツ選手をはじめ、メディアや政治・経済などで日本社会へ貢献する人たちばかり。そして、その芽はすでにその子どもにも見られ、隣の席の子が音楽の世界コンクールに出ていたり、スポーツの日本代表に選抜されたり……。

そんな小学校では、実は、主体性や探究心を育む実体験をともなった学びが中心です。娘の学校では子どもたちが羊の毛刈りをし、それを毛糸に紡《つむ》いで織って、布にしていました。息子の学校では自分でわらじを編んで、そのわらじを履《は》いて山へ遠足に。豆から大豆を育て、豆腐をつくって食べる授業もありました。

読み書きや計算以外の、目に見えない力を「非認知能力」といいます。日本のトップ2パーセントの教育は、**認知能力だけでなく非認知能力も大事にしている**のです。

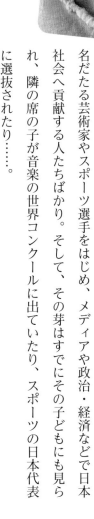

すごさの秘密は日本の教育とグローバル教育のいいところどり!

「IQ200グローバル教育メソッド」は、従来は日本のトップ2パーセントのみが知っていた日本発祥の幼児教育法と、国際標準のグローバル教育を、いいところどりした、一

生モノの天才脳を育てる方法です。

ＡＩ化、グローバル化が急速に進むこれからの時代は、日本式の教育だけではどうしても足りない部分があります。それが「国際標準のグローバル教育」と呼ばれる分野です。国際標準の考え方やコミュニケーション力などは、今後、世界の多様な人々とつながっていくうえで不可欠で、そのためのスキルを幼少期から身につける必要があるのです。

８歳までに身につけたい「８つのグローバル基礎力」

そんな日本発祥の教育と国際標準のグローバル教育の要素を見ていくと、幼少期に伸ばすべきは次の「８つのグローバル基礎力」に集約できるとの結論に至りました。

1 探究心
2 思考力（算数的思考・理科的思考・読解力）
3 運動能力
4 巧緻《こうち》性（手先の器用さ）
5 自立・自己制御力
6 コミュニケーション力
7 コンピテンス
8 英語力

詳細は第3章で述べますが、この8つのグローバル基礎力がバランスよく総合的に伸びて初めて、ＩＱ２００などという驚異的な数字が出るのです。

「IQ200グローバル教育メソッド」は日本と世界の教育のいいところどり！

グローバル教育のよい点

- 自分の意見を言う（話し上手）
- 自立を目指す
- 相手のいいところを見つける（よくほめる）
- 新しいことに挑戦する
- 家族はチーム。子どもも一人の人間として責任を持つ
- 意見の違いについて話し合う
- 個性を大事にする
- 楽しく行なう
- 多角的に考える
- 好きなことを伸ばす
- 「楽しい」を優先

日本の教育のよい点

- 共感を大事にする（聞き上手）
- 相手を優先する
- 「もったいない」精神
- 古いものや文化を大事にする
- 自然や季節を大事にする
- 最後までやり遂げる
- 繰り返し行なうことで、できるようにする
- 丁寧に行なう
- 誰でもできるようになる
- 早く正確に答えを出す
- 嫌なことでもする（掃除を生徒がするなど）

伸びる子の親、伸びない子の親。天才キッズの親たちに学ぶ3つの秘訣

さて、自宅での「英語&グローバル知育」の親子サークル立ち上げから早15年、世界の幼児教育やトップ2パーセントの家庭教育のよい部分を次々と取り入れて、誰にでもできる方法に落とし込んだ現実的なプログラムができあがってきました。

さらには、天才キッズを育てた多くの親に会うことで、**伸びる子と伸びない子の親の違い**も明らかになり、ママの顔を見れば天才キッズを育てられるかどうか、わかるようになってきました。

伸びる子どもの家庭ではっきり気づいた、子どもの能力を伸ばすための一番のポイントは、**ママのマインド**。つまり、ママの心がまえです。

ママにその心がまえがあるかどうかで、お子さんの伸び方も大きく変わってくるので、私は、天才キッズに育てたいご家庭には次の3つのことをお伝えしています。ちなみに、なぜママなのか、なぜパパではないのか、その理由は178ページや196~199ページで解説しています。

とにかく、子どもの脳の発達にはママのマインドの影響が大なのです。

体験者の声

考える力や感性が伸びたことが行動からわかるように!

（6歳男児）　おうち遊びで息子の「探究のスイッチ」が入りました。
苦手だった運動が好きになり、興味のなかった理科など、さまざまなことに意欲的に取り組むようになりました。

before

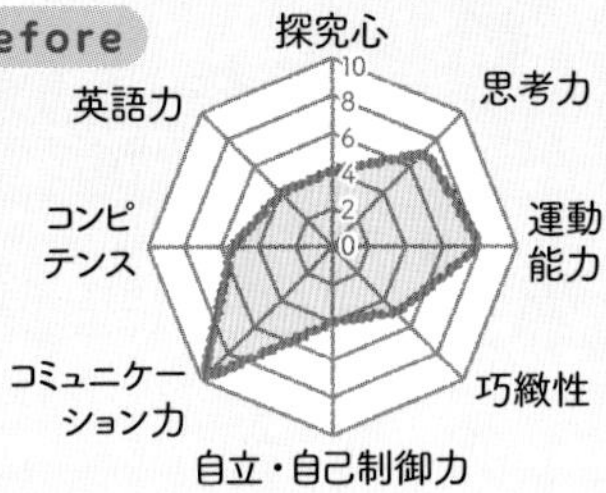

after

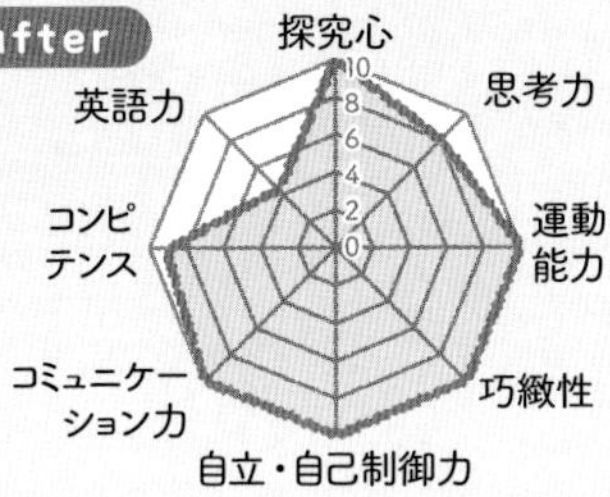

- 工作など細かい作業ができなかった
- 自分で考えず「ママやって」「わからない」「やりたくない」という言葉がよく出ていた

- 遊んでいるうちになんでもできるようになって驚いた
- 図鑑も、今まではただ眺めていたのが、今は内容までしっかり理解し、考えながら見ているのがわかる

（5歳女児）　**親が意識した項目からみるみる伸びていった!**

before

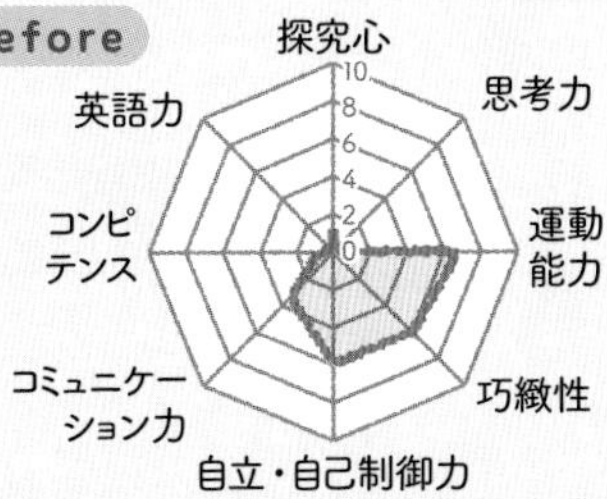

after

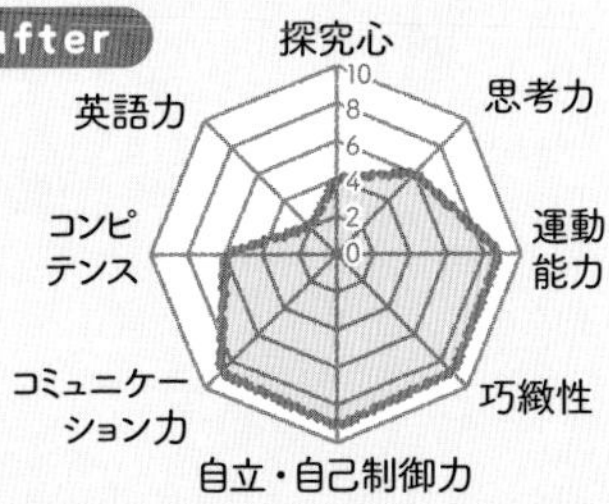

- 子どもはノビノビが一番だと思い、干渉せず自由にさせていたが、運動と巧緻性以外伸びていないことがわかった
- 子どもだから、わがままであたりまえだと思っていた

- 昨今は、子どもだけで野山を駆けまわって冒険できる時代ではなく、能力を伸ばせる環境を親が意識して整えてやる必要があることを知った
- 親が意識したこと（他人の気持ちを考えるなど）から次々と伸びていくことに驚いた
- 親が何も言わなくても公共の場でちゃんとできるようになった

秘訣❶「日常で学びのスイッチON」が最強

98パーセントの親御さんが気づいていないこと――それは週1回1時間、英語や知育のレッスンのときだけ頑張っても効果は薄いということ。それよりも、その1時間のレッスン以外の、普段の週6日間と23時間を、どう過ごすかが大事なのです。**英語もグローバル知育も、「普段の過ごし方」が最も影響する**ということです。

ダイエットに置き換えるとわかりやすいでしょう。いくら毎週1回1時間、ハードなジム通いをしても、それ以外の時間にラーメンだの揚げ物だのを大盛で食べていたら、やせなくて当然ですよね。英語やグローバル知育も普段の過ごし方が一番大事なのです。

たとえば、トップ2パーセントのママは、子どもと買い物に行くとこんな声をかけます。

「トマトはいつの季節の食べ物かしら？　木になる？　つるになる？」

「1パックのいちごを家族で分けると一人何個？」

「アユは海の魚かな？　川の魚かな？」

「冷凍食品はどのお店でもレジの近くにあるね。なんでかな？」

このように、スーパーマーケットに一緒に行くだけでも、観察力や思考力を伸ばす多くの題材があります。母親が学習の意図を知って導けば、子どもはそれを勉強とはまったく思わず手に入れます。そして本書を読んでコツがわかれば、どんなママでもこんな声かけができるようになります。

子どもは一人ひとり全員違います。**天才脳は家庭が9割です。**個別最適化が、学びの最適解です。それができるのは、学校や幼稚園ではありません。

生まれたときから毎日一緒にいて、子どものことを一番よくわかっている親こそ、日常生活のなかで効率よく、かつその子らしい能力を伸ばすことができる唯一の存在なのです。

秘訣❷ ピグマリオン＝現実を超えて信じる

「ピグマリオン」は、教育用語で**ピグマリオン効果（＝人は期待されると、期待された以上に成果を出す傾向がある）**という意味の言葉で、私の名前の由来でもあります。

「IQ200グローバル教育メソッド」では、合言葉のように「ピグマリオン」という言葉が飛び交います。私は、教育で一番大事なことだと思っています。

「ピグマリオン効果」は、アメリカの教育心理学者ロバート・ローゼンタールが提唱しました。ギリシャ神話に登場するピュグマリオン王が、自ら彫刻した女性の彫像に恋焦がれ、人間になってほしいと願い、なると信じ続けたところ、アプロディテ神がその願いを聞き入れて本当に人間化させ、結婚して幸せに暮らしたという神話に由来します。

私が自身の名前を「ピグマリオン」としたのも、**母親が子どもに「あなたならできる」「あなたは世界一」「あなたは社会になくてはならない存在」などと心から信じて見守ることが、その子が本来持っている能力以上のものを引き出す**からです。

この話をすると、「そんなことは、わかっています」「子どものことは信じています」という親御さんが多いのですが、心の底では「そこそこの大学に入ってくれれば」とか、「IQ200には、絶対ならないな」と思っていませんか？　天才に育つ子は、親から天才だと心から信じられています。

天才キッズの親はここまで信じて行動している！

トップ2パーセントの親御さんたちと話していて驚くのは、自分の子どもの無限の可能性を心から信じていること。総理大臣になりたいのね？　と、国会議員の方にインタビューしに行ったり、宇宙飛行士になりたいならと、ロケットの打ち上げを見に行ったり。お子さんの夢が必ず叶うと心の底から、あたりまえに信じてサポートしています。

これからの時代、現在の状況からは考えられない成功を手にするチャンスがゴロゴロ転がっています。私自身、「ピグマリオンなんて変な名前」と人に笑われても、信じて活動し続けてきたからこそ、今こうしてあなたに、この素晴らしいメソッドをお伝えできるのです。

天才だと、親が信じている子だけが天才になります。

今はできるとは思えなくても、現実を超えてお子さんを信じること。親バカで結構。親がやるべきたった一つのことは、「ピグマリオン」。**親が心の底から子どもの可能性を信じれば、たった1秒で子どもは変わります。**

そしてあなた自身も、自分は「ピグマリオン」＝「絶対にできる」と信じてください。

この本を手に取ってくださったあなたなら、できます。私は信じています。

秘訣❸「ある」に目を向ける

3つめにお伝えしている大切なこと、それは、「できない」「たりない」ではなく、「できる」「ある」に目を向けること。これを実践すると、とたんに子育てがラクになります。しかも、すべてがうまく回りはじめます。

トップ2パーセントの子育てで驚いたことの一つは、ママのお出かけバッグが小さいことでした。子どもが小さいころ、私は公共の場で子どもが騒いで迷惑をかけないようにと、DVDプレイヤーまで持ち歩いていましたが、トップ2パーセントのママたちから、特別なおもちゃがなくても、しりとりなどの言葉遊びや手遊びをすることで親子で楽しむ方法を学びました。

また、ものを大事にする姿勢は私立小でも国立小でも同じ。サイズアウトした制服をリサイクルするのは当然で、備品も簡単に買い換えないで直したり繕《つくろ》ったりして使います。

ものだけではありません。多くのママたちのお悩みを聞いていると、「うちの子は図鑑なら見るけど、本は読まなくてダメな子」「野菜は人参とキャベツしか食べなくて偏食でよくない子」と、「ない」ことに目がいっていることが多いのです。

図鑑を見るなんて素晴らしい！　わが家は3人の子どもがいるので本を読む子も読まない子もいました。8歳まで図鑑と漫画しか読まなかった長男に、図鑑は面白いね！　読めてすごいね！　と声をかけていたら、小説にはまったく興味がないまま12歳になり、元素や核融合の本を読み漁《あさ》るようになり、小説を読まなくても読解力はついてきました。

人参とキャベツが好きなら大丈夫。多少食べられないものがあっても現代の日本では、必要な栄養素がとれる代替品も多くあります。それよりも食事が楽しく食べられないことが最悪です。偏食があっても美味しく楽しく食べられるものが「ある」ことが大事。

「ない」のではない。十分「ある」。

あなたも子どもも、こんなに「ある」世界にいるのです。

「ある」に目を向けた瞬間、わが家が「インターナショナルスクール」に！

教育も同じです。**あなたから子どもに伝えられることは、たくさんあります。**日本の義務教育を受けて育った親なら、ひらがなや数を教えることと同じように、幼児に英語を教えることができるはず。学校生活や部活で練習を重ねてきたあなたなら、トレーニング次第でなんでもできるようになることを知っているでしょう。善悪の判断も社会規範も基礎学習も、あなた自身があたりまえのように教えられることです。

新しい教育法を求めて飛びついたり、高額な幼児教室に通ったりしなくても、自分の中にそれらが「ある」ことに気づいてください。外ばかり見ないで、目の前にいる子どもを見てください。私も以前は間違っていました。

今あなたがやらなければいけないことは、必死でスクールを探すことではなく、**お子さんの成長に合わせて、あなたがすでに持っている知識を、親鳥がヒナに口移しで餌を与えるように、ほかの誰でもない、あなたならではの方法でお子さんに伝えること**なのです。

どうやったら自分のお子さんにあなたの知識を伝えられるか？　その最適解として家庭を**「おうちインターナショナルスクール」**にすることをご提案しています。

自宅で親が行なうから、お子さんの成長に合った、世界に一つのお教室になります。

おうちインターナショナルスクールなんて、「難しそう、私にできるかしら？」と不安に思うかもしれません。大丈夫、特別なことはいっさい必要ありません。高価な教材も、厳しい時間の拘束も不要だと考えています。

多くの家庭が「すでにある」「持っている」ことに目を向け、子どもの無限の能力を心からピグマリオン――「信じる」こと。

そして「おうちインターナショナルスクール」で、普段の生活をまるごと「ＩＱ２００グローバル教育」に変えていくこと。この２つで、子どもの人生は桁違いに底上げされ、親も子育てが圧倒的に楽に楽しくなるのです。

教員免許やお金がなくても、プログラムがあるからできる！

私も最初は、英語を習うならスクールに行かなきゃ！　という先入観があり、数多くの英語スクールやインターナショナルスクールを見学しました。

そこでわかったことは、３人の子どもをそれぞれ適性のスクールへ入れることは、送り迎えの時間など発生する労力・費用も考えると、まったく現実的ではないということでした。

特にインターナショナルスクールの月謝は、10万〜30万円！　毎月3人にこれだけの学費がかかるとなると、わが家ではあきらめざるを得ません。

しかも、ネイティブ講師が子どもに大きな声で注意し、子どもが萎縮する様子や、早くできた子はグループの全員ができるまで待たされることなど、英語は話せても、わが子の能力を引き出すプロかというと、システム上、そうはできないことはよくわかりました。

そして思ったのです。子どもに教えることはプログラムがあればできる！　でもわが子のプロは私しかいない！　教員免許のない私に中学生を教えることは難しいけれど、漢字や九九くらいなら教えられるし、英語もプログラムがあればできる！　と。

「英語&グローバル知育」サークルからスタートして、さまざまな専門家にも参加してもらい、15年の研究を続けるなかで、スクールのレッスンとは別に、**「家庭で行なうならこれしかない！」というベストな手順や方法**がわかってきました。それはこうです。

1　子どもの現在の「グローバル基礎力」を見える化する（第3章参照）

2　子どもの弱点を中心に、プログラム通りに毎日10分楽しく遊ぶ（第4章参照）

3　プログラム通りできるようになったら、日常生活でも10分を学びに変える（第5章参照）

4　10分を1コマとして、「英語&グローバル知育」のコマ数を増やしていく

5　いつのまにか、自宅が「おうちインターナショナルスクール」に！

自己流で闇雲《やみくも》に「おうちインターナショナルスクール」をやってみることは、おすすめできません。ご自分なりにやってみようと模索されるのは素晴らしいことですが、英語もグローバル知育も子どもにわかるように教えるには、コツややり方があります。また、**お子さんの成長は、待ってはくれません。**インターネットで調べるとしても、どうやって算数の概念を教えようか、コンピテンスをどう育てようか……と試行錯誤している間にも、お子さんの脳の成長が完了する8歳は近づいてきます。

模索している間にタイミングを逸してしまうことのないように、私の英語スクールに通う生徒さんたちのご家庭で試していただき、効果のあったプログラムをまとめました。そして、この**確実に効率的にお子さんを伸ばすことができるプログラムをここで公開したいのです。**

ちなみに、10分遊びは、英語で行なえば英語力も伸びますが、まず日本語で行ない、英語以外のグローバル基礎力を伸ばす、ということでも問題ありません。

8つのグローバル基礎力は、その子に合わせて、その子が一番伸びる時期に伸ばせばよいのです。英語に興味を持つようになったら英語を伸ばす、ということでも十分です。

第2章

IQは8歳までに高めなさい!

賢いママは「脳の育て方」がうまい

そもそも「ＩＱ」って何？

第2章では、何歳までに、何を習得すれば、子どもの人生が桁違いに変わるのかということを、子どもの成長段階とともに見ていきましょう。

何事にも、それを行なうのにベストなタイミングがあります。

植物には、その種類ごとに種をまくのに適した時期、芽を伸ばす時期がありますが、人も同じ。遊びや学びも、それを行なうタイミング次第で、お子さんの成長度合いが何倍も変わってきます。人生でほんの一時期しかない貴重なタイミングを逃さないでください。逃した時期は二度と戻ってきません！

さて、私たちがよく耳にする「ＩＱ」とは、「Intelligence Quotient」の略で「知能指数」のことです。知能検査結果の表示方式の一つで、１００を平均として知能が高いほど数字が大きく、低いほど数字が小さくなります。ＩＱの算出方法はいくつかありますが、ここでは、代表的な同月齢の子どもと発達月齢を比較するやり方で見てみましょう。

たとえば、同じ6歳の知能がある3歳と4歳のＩＱは以下のようになります。

36カ月(3歳)で72カ月(6歳)の知能があれば→72÷36×100=200 IQ200
48カ月(4歳)で72カ月(6歳)の知能があれば→72÷48×100=150 IQ150

IQ200という数字だけを見ると驚異的に感じるかもしれませんが、誰でも親次第で高いIQを出すことができます。

IQで測れるのは言語理解や処理速度などの認知能力で、人間が持つ能力のほんの一部分ですが、**一般的にIQが高い子は同時に運動能力や非認知能力と呼ばれる能力も高いことが多く、認知能力と非認知能力は総合的に伸びていく**ことが知られています。ですから、家庭で子どもに対して**計画的・意図的**に、IQが高くなる働きかけをしていくことが重要なのです。

IQを高めて3つのハッピーを手にしよう!
――収入・自己肯定感・ラク

「とにかく8歳までにIQを高めておきましょう」とお伝えする最大の理由は、次の3つのハッピーに大きく影響するからです。

人的資本投資の収益率

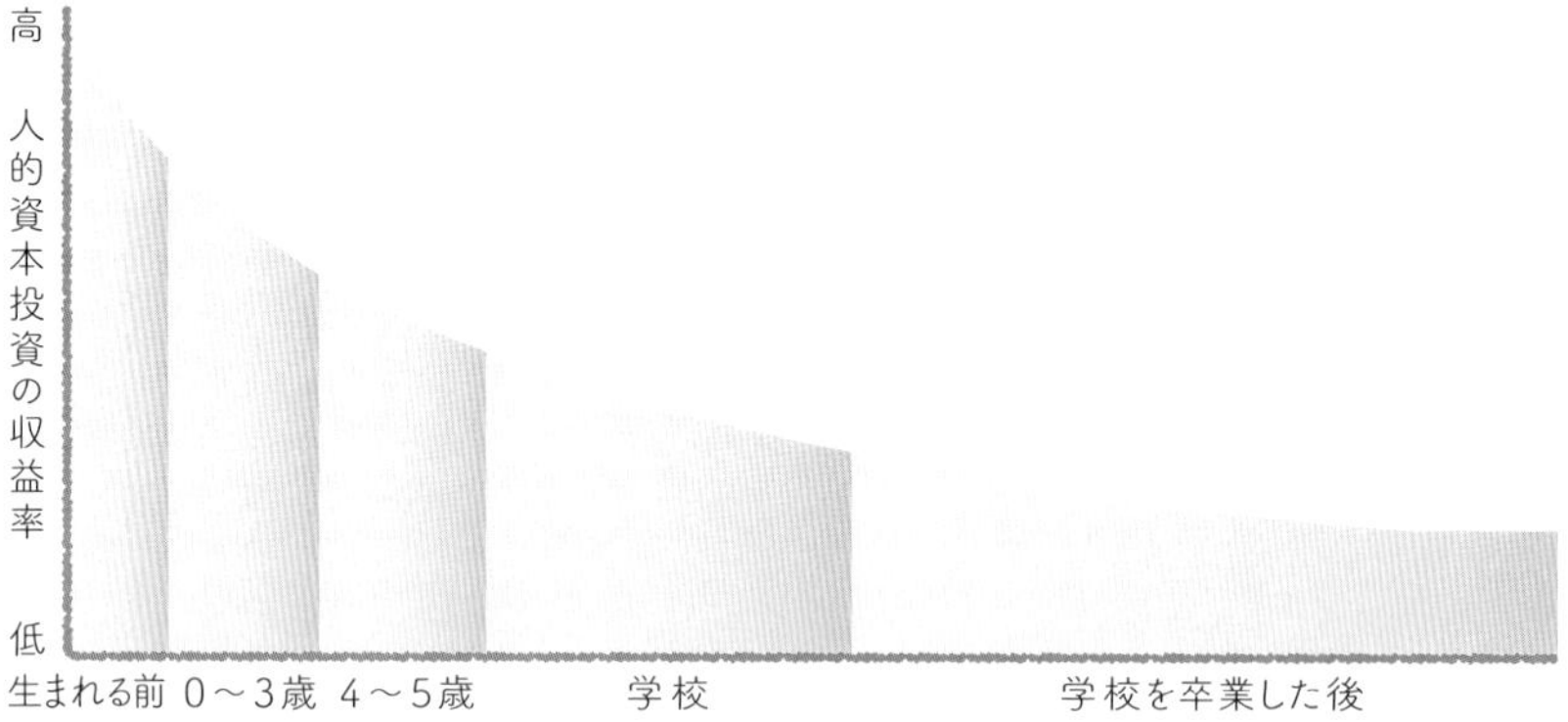

注：1.縦軸は人的資本の収益率、横軸は子供の年齢を表す
　　2.生まれる前の人的資本への投資は、母親の健康や栄養などに対しての支出を指す
出所：Heckman,JJ. & Krueger,A.B.[2005].Inequality in America：What rule for human capital polices.MIT Press Books.

ハッピー❶ 幼児期のＩＱが高いと学歴も収入も高くなる

ノーベル経済学賞を受賞したシカゴ大学経済学部特別教授ジェームズ・ヘックマン博士は「幼児教育が最高のコスパだ」と言い、国家レベルで幼児教育にコストをかけることを提案しました。

実際、ヘックマン教授は「ペリー就学前プロジェクト」と称して、ペリー小学校付属幼稚園に通う3～4歳の子どもを対象に、就学前教育を受けるグループと受けないグループに分けて実験し、彼らを40歳まで追跡調査しました。

その結果、就学前教育を受けたグループは受けなかったグループより学力が高く、犯罪率は低く、年収は1・5倍多く、持ち家率は3倍にもなったと発表しました。

ハッピー❷　幼児期のIQが高いと自己肯定感も高くなる

幼少期に高い能力があり、周りからもほめられ、「自分はできる子だ！」と信じて大人になる子は、高い自己肯定感や成功体験を保持し、困難なことにも意欲的に取り組むなどして実際に成功を掴んでいきます。

ハッピー❸　IQが高いと子育てが圧倒的にラクに

IQが高い子は、学力だけでなく総合的に能力が伸びる傾向があります。また、現実的には、IQが高くなるほど子育てがラクになる、という側面もあるのです。メソッドを実践した多くの方も証言していますが、親子関係がよくなり日々の生活がより豊かになります。

タイムリミットは脳ができあがる前。早く始めるほど飛躍的に伸びる！

近年、脳科学の世界では、脳の発達の過程についてさまざまなことが明らかになっています。**私が「8歳まで」としつこく繰り返す理由も、脳の発達の仕組みにあります。**

私たち親は、子どもの身体も心も毎日グングン伸びていっているように感じますが、生物学的には骨格が発達する時期や、神経が発達する時期など、それぞれのタイミングがあ

「スキャモンの発達曲線」

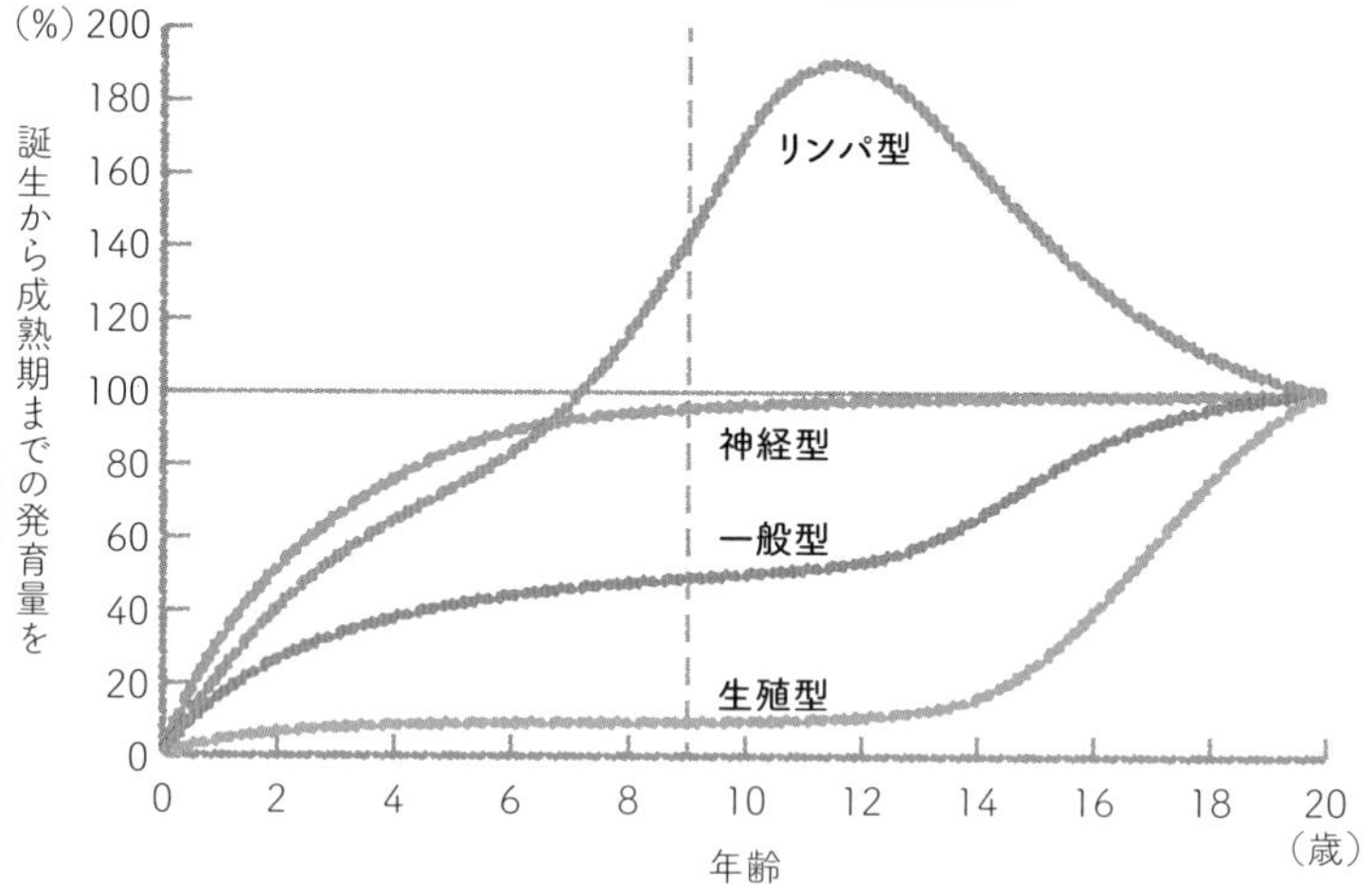

ります。

上図の「スキャモンの発達曲線」を見てみましょう。人間の子どもの成長度合いを現した表です。「神経型」の緑色のラインが脳や感覚器のこと。生まれてすぐ急速に発達し、９歳で脳の重量は大人とほぼ同じになります。これを臨界期といいます。

脳の神経回路も8歳までに95パーセントができあがり、その後変更することは難しいと考えられています。

誤解を恐れずに言うと、その子の性格や考え方のくせ、生活習慣、身体の使い方、コミュニケーション手法、善悪の判断などは、その子の脳の使い方の特性によるので、その子の人生は８歳までに決まると言っても過言ではありません。

もちろん、８歳を過ぎたらもう手立てがないわけではありません。考え方のくせや生活習慣を意識的に変えることで、自分にとって役に立つ神経回路を優位にし、学

器(IQ)が小さいとご飯(学力)が入らない

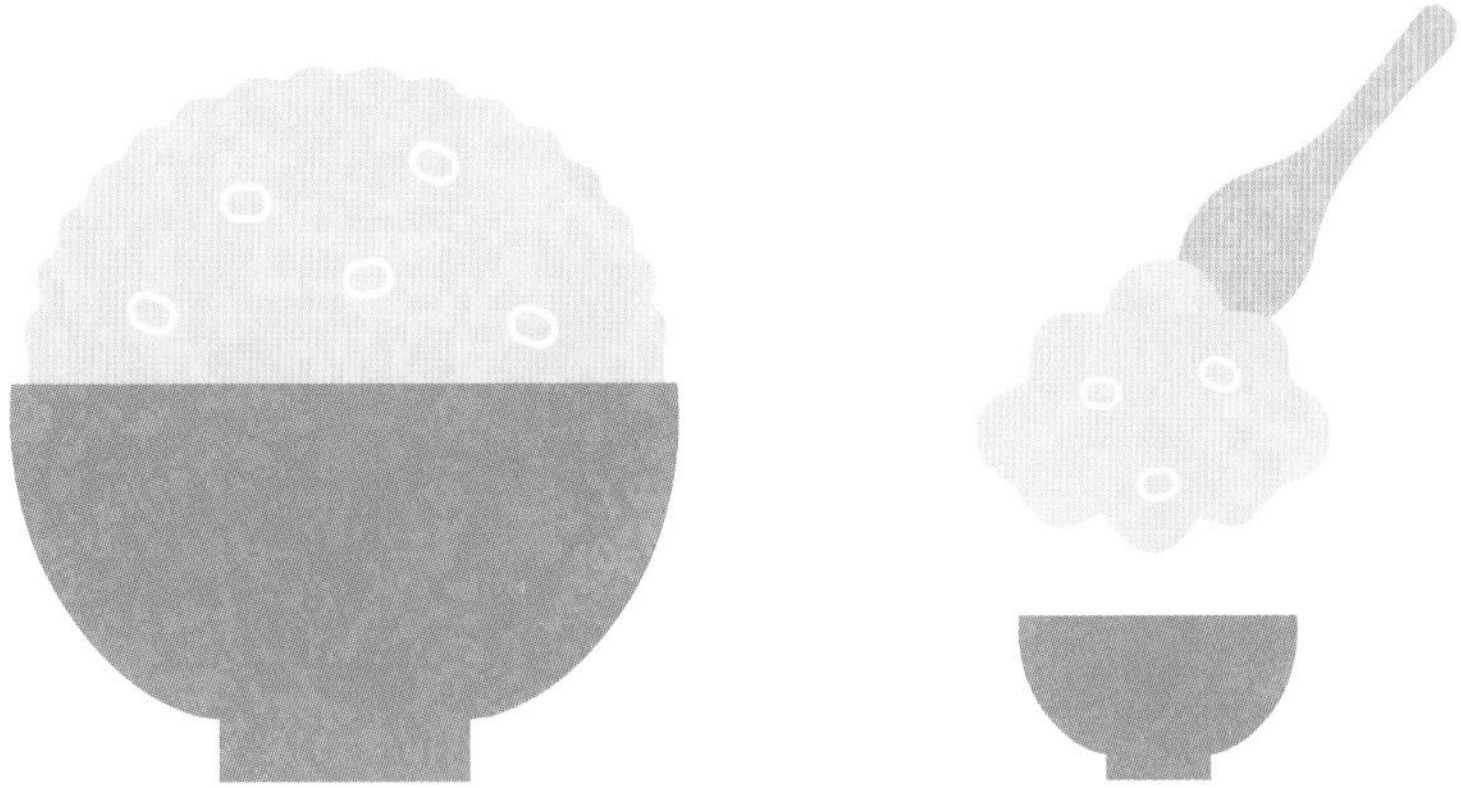

8歳までは脳の器(IQ)が大きくなる

習によって脳の処理速度や記憶力を高めることは、8歳を過ぎても十分に可能です。

ただ、8歳までに「天才脳」の神経回路ができていれば、8歳以降の学びが加速することは間違いありません。

IQは「脳の器の大きさ」。小さいとご飯が盛れない

脳の臨界期に注目した教育を行なっている大久保博之氏(リリーベール小学校校長)は、IQを「脳の器」に、学力をその器に盛る「ご飯」にたとえています。その解説によると、8歳までは脳の器がつくられる時期ですが、臨界期の9歳を超えると、脳の器は大きくならないと述べています。つまり、子ども自身がいくら努力してご飯をよそっても、器が小さいとたくさん盛ることができません。

「ご飯を盛る＝学力をつけること」は子ども自身が行なうので、親が子どもにプレゼントできるのは「大きな器＝IQ」だけなのです。

人の成長曲線、0〜3歳、3〜8歳、8〜12歳……各時期のポイント

人の成長段階を木にたとえて、「IQ200グローバル教育メソッド」を施す適切なタイミングを見てみましょう。立派な大木に育てるには？

0〜3歳　土を耕す時期

土がカチカチに固く栄養素が足りないと、木の根っこも伸びていきません。そこで、妊娠期から3歳ごろまでは、親が土を耕して栄養素を与え、しっかりした土壌をつくる期間にします。つまり、親自身がまず「睡眠・食事・運動・学び（遊び）」といった基本の生活習慣を整え、子育てや教育の知識や情報を得たり、仲間をつくったりする時期です。

3〜8歳　学びの根っこを集中してつくる時期

将来、どっしりした大きな幹を育てるために、広く深く根っこを伸ばしておきましょう。

木の成長と子どもの成長対応図

●**就業～**
自分の得意なことで
社会に貢献する

●**18歳～**
自分の木を確立させる
（得意な枝を専門的に
伸ばす）

●**12～18歳**
自分という木について
知る（さまざまな枝を
伸ばす）

●**8～12歳**
芽を出す・自分で
伸びる

●**3～8歳**
学びの根っこをつくる

●**0～3歳**
学びの土壌（教育環境）
をつくる

この時期は脳も身体もめいっぱい働かせ、基本的なスキルや社会のルールを知ることが、学びの根の肥《こ》やしになります。脳は9歳ごろに完成しますから、8歳までにできた根っこで一生の知識や思考を支えることになります。根を深く広く張るには、8歳までは徹底して親子で楽しく遊んで8つのグローバル基礎力を身につけましょう。グローバル基礎力が身についたら、あとは親は見守るだけ。お子さん自身の力で芽を伸ばしていけます。

8～12歳　自分の力で芽を伸ばす時期

次は自力で芽を出し伸びていく発達段階。小学校中学年はギャングエイジと呼ばれ、仲間との行動が多くなり、親を客観的に見られるようになるので、反発する子も出てきます。ですから、8歳までに、親が口出ししなくても信頼して任せられる子に育てることが大事。「IQ200グローバル教育メソッド」で自ら行動できるようになると、8歳以降の学びが加速します。

12～18歳　自ら個性や才能を伸ばす時期

枝という個性や特性がようやく形となって伸び、自らの生き方を模索しはじめる時期。ここからは親が〝接ぎ木〟した枝ではなく、自ら個性や才能の枝を伸ばすことが最も重要です。親が思ってもみない方向に枝が伸びるかもしれません。

その土台になるのが、8歳までの学びの姿勢なのです。

2040年、わが子が社会に出るとき世界はこんなに変わっている! メタバース、AI……

脳の成長曲線に合った種まきの時期についてはご理解いただけたでしょうか。

次は、これからの不透明な時代に必要とされる能力はどう変わるのか、想像してみましょう。お子さんたちが社会に出ていく2040年代の世の中は、どうなっていると思いますか? お子さんたちはどんな職業に就いているでしょう?

現在は先の読めない時代といわれ、記憶に新しいところでは、パンデミックのロックダウンや世界の軍事情勢、地球規模の自然災害など、実際、ここ数年でも想定外のことばかり起こり、未来が予測できない状況です。

必要なのは「コンピテンス」と「コミュニケーション力」!

ここ数年だけでも、自動運転機能を搭載した車や、無人の自動決済システムなどを見かけることが増えました。加速度的なAI(人工知能)化で、子どもたちが成人する2040年までには、ロボットによる生活サポートが進み、オンライン化・メタバース(インターネット上の仮想空間につくられた世界)化で、各国間の垣根もぐっと低くなります。

そして日本政府は、サイバー空間（仮想現実）とフィジカル空間（現実空間）が融合した世界が目前に迫っていることを示唆しています。**内閣府が発表した動画「ムーンショット目標」**では、2050年の社会に向けて、息をのむような驚愕の未来への挑戦が描かれており、子育てする親にはぜひ知っておいてほしい世界です。

2050年には、地球の裏側に住む人と協力して1体のロボットを動かし災害救助にあたる様子や、身体の不自由な人や高齢の方もアバターで社会参画できる仮想空間などが描かれています。

そんな時代には、世界中どんな相手とでも協業して成果を出せる能力として、コンピテンス（社会的スキル・思いやり）やコミュニケーション力が求められます。

これらの能力は、第3章で示す「8つのグローバル基礎力」に含まれます。次の第3章で8つのグローバル基礎力とはどんなものか、これからの時代にどう役立つのか、どのように身につけたらよいのか——、母親がそれらを具体的に知るためのステップに進みましょう。

内閣府　ムーンショット目標1　https://www8.cao.go.jp/cstp/moonshot/sub1.html

ムーンショット目標1　アニメーションで描く2050

https://www.youtube.com/watch?v=fli83fAR3yM&t=3s

該当ページや動画は予告なく変更・削除されることがあることをご了承ください

第3章

「8つのグローバル基礎力」診断

お子さんの成長と伸びしろが
面白いほど見える！

8つの基礎力を見える化し、効率よく伸ばす!

お待たせしました。いよいよ、8歳までに伸ばしたい能力=「8つのグローバル基礎力」について見ていきます。各グローバル基礎力がお子さんにどれくらい育っているかを総合的に測定するのが、「8つのグローバル基礎力診断シート」であり、一般社団法人Global Kids' Mom が独自開発したものです。

「8つのグローバル基礎力診断シート」の使い方

診断は次の手順で行なってください。

1. 59ページからの各グローバル基礎力の項目の質問にYES、NO、△で質問に答えていきます。診断するグローバル基礎力は全部で8つあります。YESなら2点、NOなら0点、△なら1点で計算し、合計点を記入してください。58ページのQRコードから答えると結果が自動計算され、シートも作成されて便利です。

2. 各項目の合計点数を58ページの診断シートに記入すると、お子さんの現在の発達度合いがよくわかります。

3. 第4章の「10分の遊び」や第5章の「10分の生活」を2カ月間続けたら、もう一度、

「8つのグローバル基礎力」診断シート

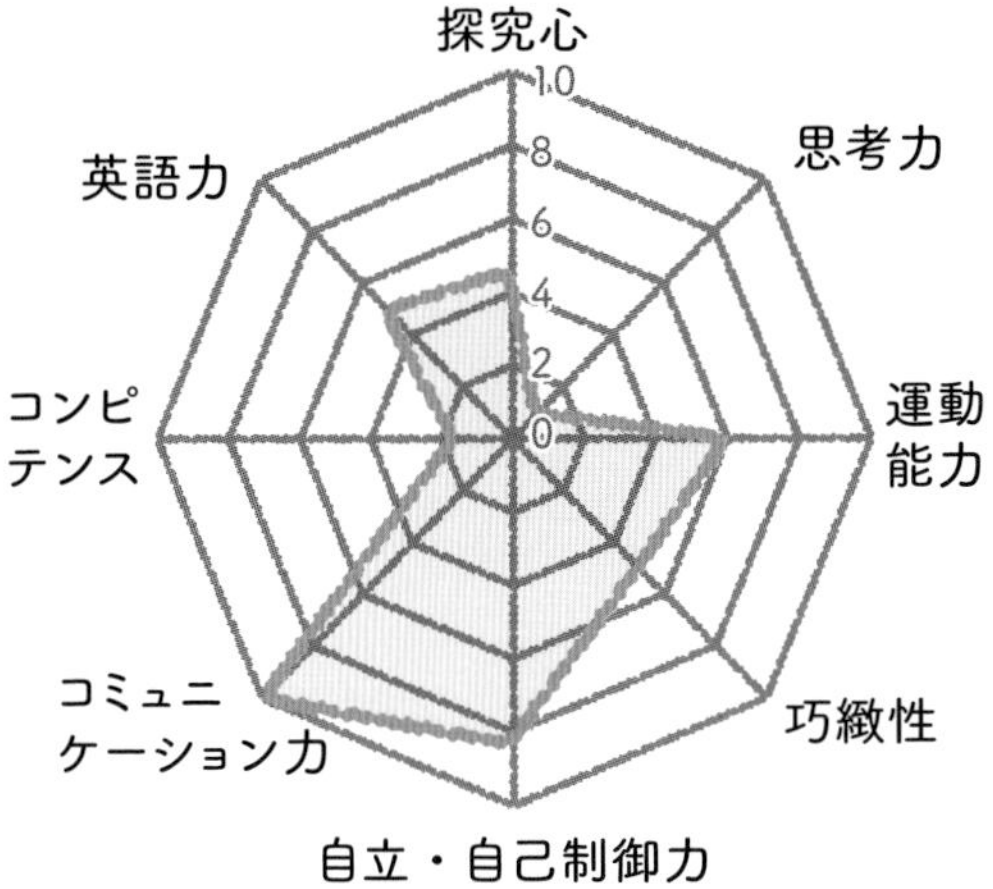

各項目の点数を結んだ内側のピンク色の部分の面積の大きさが脳の器の大きさにつながる。8歳までの目標は、ピンク色の部分の面積の最大化

8つの基礎力を診断してみましょう。一つでも変化があれば家庭教育の成果です！

「8つのグローバル基礎力診断シート」の診断項目は次の通りです。

1　探究心
2　思考力（算数的思考力・理科的思考力・読解力）
3　運動能力
4　巧緻性（手先の器用さ）
5　自立・自己制御力
6　コミュニケーション力
7　コンピテンス（思いやり、社会的スキル）
8　英語力

よく見ると日常にもある算数力を高めるグッズ。ハンガー遊びで釣り合いを学ぶことは、方程式へのアプローチになります

オール満点はどの子も達成可能！
生まれつき不器用・コミュニケーション下手はいない

目標は、すべての項目が満点、100パーセントになることです。そこに到達するスピードには個人差がありますが、コツコツとメソッドを続けていると、どのお子さんでも達成できます。

著しく低い項目があれば、それは、お子さんに才能がないとか苦手なのではなく、今までその能力を伸ばすことに取り組んでいなかっただけです。そうした、まだ開発できていないお子さんの能力がわかったら、その伸ばしたい力を意識して「基本の遊び」（第4章）に取り組めばいいだけなので、焦らないでくださいね。それだけ「伸びしろ」が大きいということですし、必ず伸びますから、ピグマリオン効果を信じて存分に引き出してあげてください。

「この子は人前に出ることが苦手で。私もそうだから」

「不器用な子なんです。だって私も不器用だから……」

こういったお悩みのほとんどは、単純にトレーニングをすることで解決します。「私も苦手だったから」とおっしゃるママたちは、子どものころにトレーニングする機会に恵まれなかったのでしょう。

母親が苦手なことは、子どもにもあまりやらせないので、その子も同じことが不得手になりやすい傾向があります。インドア派ママの子どもは、運動が好きではなかったり、植物や虫が苦手なママの子は、自然科学に興味の薄い子が育ったりすることが多いのです。

特に、コミュニケーション力や自立・自己制御力などは、生まれつきの性格や特性に起因すると思われがちですが、まったく違います！　8つのグローバル基礎力は、遺伝や才能に関係なく、トレーニング次第で、誰でも伸ばせます。

大勢の人の前で話すこともトレーニングすれば誰でもできるようになる

成長のゴールデンルール
「8つの基礎力は影響し合って伸びる」

「IQ200グローバル教育メソッド」では、不得手な能力そのものだけに働きかけるものではありません。

ママがテニス好きで一緒に通っていたら日本選抜に！ 楽しいことは繰り返し行なうことが重要

たとえば、手先が不器用でちょうちょ結びができないとき、巧緻性を伸ばす手先のトレーニングだけしてもうまくいきません。8つの基礎力は相互に補完し合っているので、手先の筋力や神経の発達に加え、紐をどう扱えばちょうちょ結びになるか、観察力・思考力・空間認識力も必要になってきます。

そう、相互に影響し合って伸びる――この仕組みがわかれば、IQ200グローバルキッズを目指すことは簡単です！

「苦手」なことはトレーニングしていないだけで、繰り返しやればできる！ このように発想を切り替え、できることをどんどん増やしていきましょう。

身体的機能の障がいや、ADHD（注意欠如多動症）、ASD（自閉スペクトラム症）などの神経発達症があったとしても、将来自立して生活することを希望されるなら、チェックシートの項目はチャレンジしていただきたい内容です。

その子の成長スピードに合わせてやっていけば、時間の経過とともにできるようになります。その場合は、達成年齢は10歳でも12歳でもよいのです。

では、早速、診断していきましょう！

体験者の声　嫌がっていたことも、興味を持って大好きに！

（Oさん　4歳女児一人っ子、保育園児のママ
英語教育なし、これまでいろいろな知育を実践）

モンテッソーリ保育園の保育教諭をしており、教育のプロであるにもかかわらず自分の子育てがわかりませんでした。成長著しい幼児期にできるだけのことをしてあげたい、という思いで「おうち遊び」を始めたら、みるみるよい変化が。4歳の娘は毎日の親子遊びを楽しみにして何回もやってみたがり、次の日の支《し》度《たく》や旅行の準備など、できなかったことが自発的にできるようになっています。

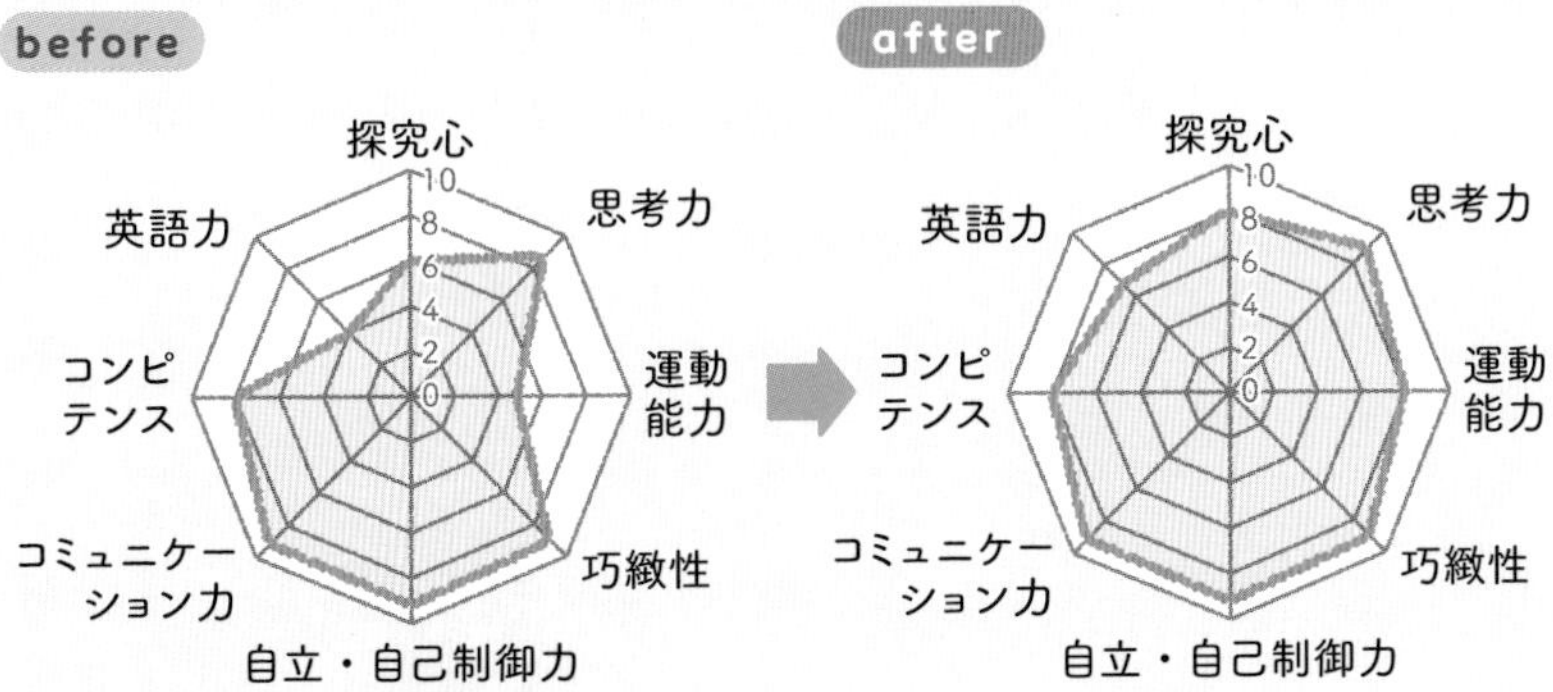

植物を栽培し、観察することで探究心や思考力が伸びる。愛情を持って育てると、コンピテンスや自立・自己制御力も身につく。ペットボトルを使った水耕栽培なら、根の観察も可能！

潮干狩りは、海の生物の面白さに触れることで探究心や思考力を伸ばすと同時に、巧緻性やコンピテンスも伸ばす楽しい時間

お子さんの「8つのグローバル基礎力」診断シート

最初の診断日

年

月　　日

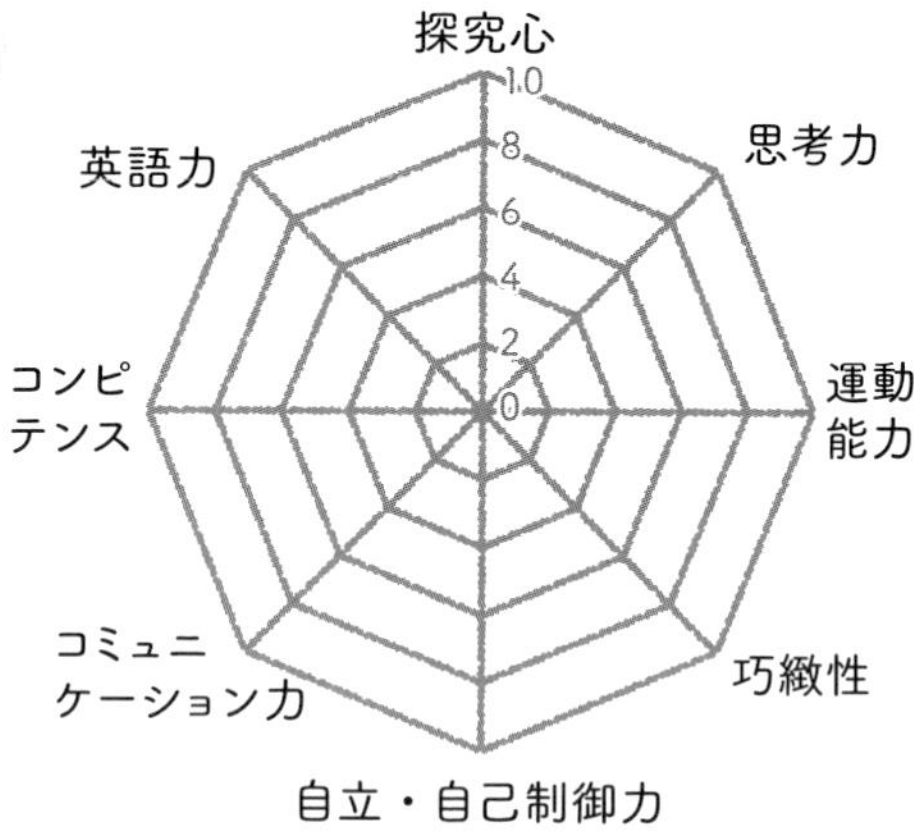

2回目の診断日

年

月　　日

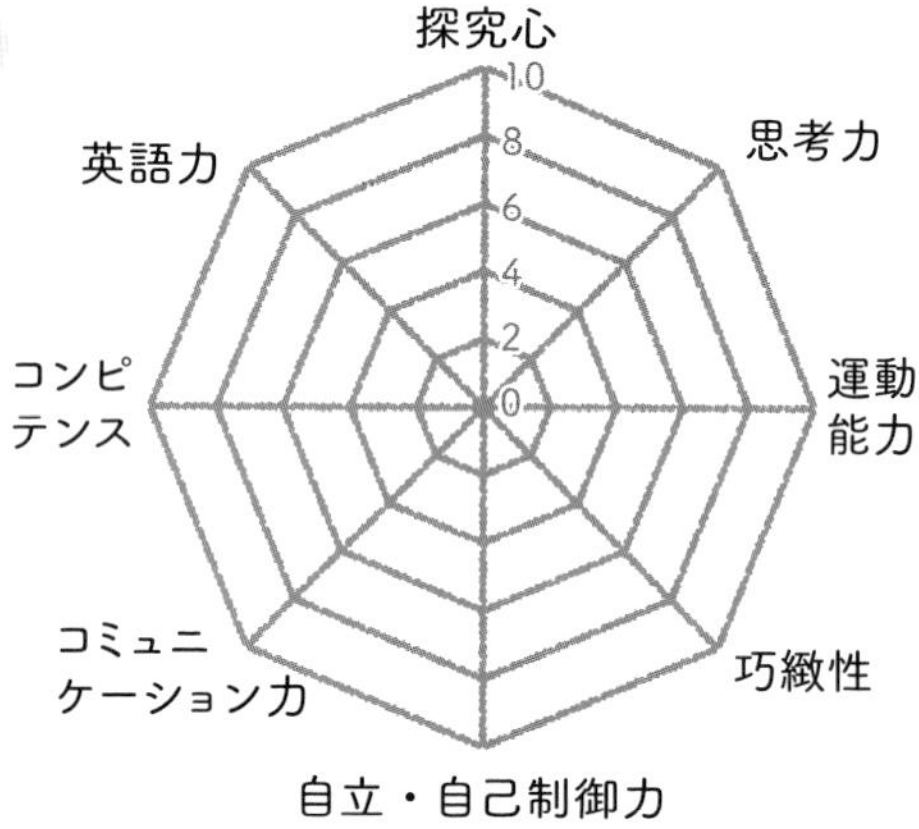

第4章、第5章を参考に「IQ200グローバル教育メソッド」を2カ月間続けたら、再度このレーダーチャートで8つのグローバル基礎力を測ってみましょう。変化を確認し、3回目、4回目……と、その後の進め方にお役立てください。

8つのグローバル基礎力自動診断　右のQRコードをスマートフォンで読み込んで基礎力診断1〜8の設問に回答していくと、診断結果シートが自動作成され便利です。

1 探究心——「知りたい」本能！ワクワクが一番の学びのスパイス

基礎力診断1　探究心

できていたら○、できていなければ×、
中程度なら△をつける

□	虫メガネやメジャー、地球儀などの探究心を深めるグッズが手の届くところにある
□	昆虫や動物・植物を自分で育てたことがある
□	キャンプや果物狩り・魚釣りなど野外体験をしたことがある
□	図鑑を5冊以上持っている
□	牛が哺乳類(胎生)で草食動物だと知っている

○は2点、×は0点、△は1点として計算し合計を記入する

合計　　　点

AIにはない不思議がる力、面白がる力が人生を豊かにする

「探究心」とは「物事を深く掘り下げて調べ、知識を得ようとする気持ち」です。子どもの探究心は好奇心とセット。8歳までの子どもは好奇心のかたまりで、「あしはどうつい

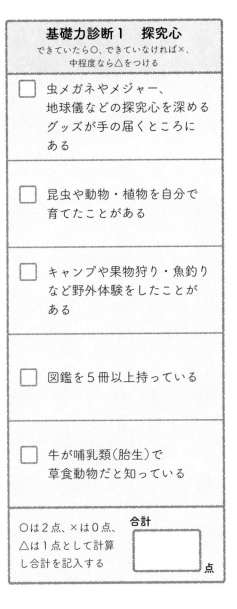

てるんだろう？」と虫の脚をちぎってみたり、石をポ～ンと投げてその軌跡（放物線）を目で追ったりと、なんにでも興味を示し、実際にやってみたいと思う発達の段階です。

8歳までの探究心の目標は、ズバリ**「自分で調べられるようになること」**です。

AIがなんでも考え、ロボットが作業してくれる近未来に、人間にできるのは、なぜだろう？　こうしたらどうなるかな？　とワクワクドキドキしながら探究すること。それが生きることと同意義になる時代です。

博物館や展覧会場などではスケッチブックを活用して子どもなりの気づきポイントを自分でメモする習慣を

子どもがやりたいことを止めてはいけない

なんでも親が先回りして、危ないことを未然に排除し、「あれはダメ、これはダメ」と言って親が選んだものしか触れさせない——そんなふうに子どもをコントロールしていると、探究心は伸びづらくなります。また、子どもは、自分の好きなもの、嫌いなものがわからなくなってしまいます。

ひたすら土を掘ったり、蝉の抜け殻を無数に集めたり、どんぐりを机の引き出しに隠しておいたり……。一見、子どものやることは無意味に思えるかもしれませんが、探究心を伸ばすチャンスです。どんどんやらせましょう。子どもなりの答えを導き出し、探究する経験を積み重ねることで、能力はぐんぐんとアップしていきます。

磁石一つで探究心の有無をチェックできる！

お子さんに探究心が育っているかどうか、手っ取り早く調べるなら、磁石を渡してみてください。１００円ショップで入手できるものでかまいません。磁石を部屋中のあちこちにくっつけて喜んで遊ぶようなら、探究心が十分あると判断できます。

飼育や栽培は探究心をぐんぐん伸ばす近道　図鑑や絵本も大いに活用しよう！

「昆虫や動物・植物を自分で育てたことがある」にチェックは入りましたか？

家庭での飼育や栽培は、探究心のなかでも「観察する力」を育てるので、ぜひ取り組んでください。ほかのさまざまな能力もつられて育つのでおすすめです。

自然の不思議に触れることで探究心は無限に伸びる！

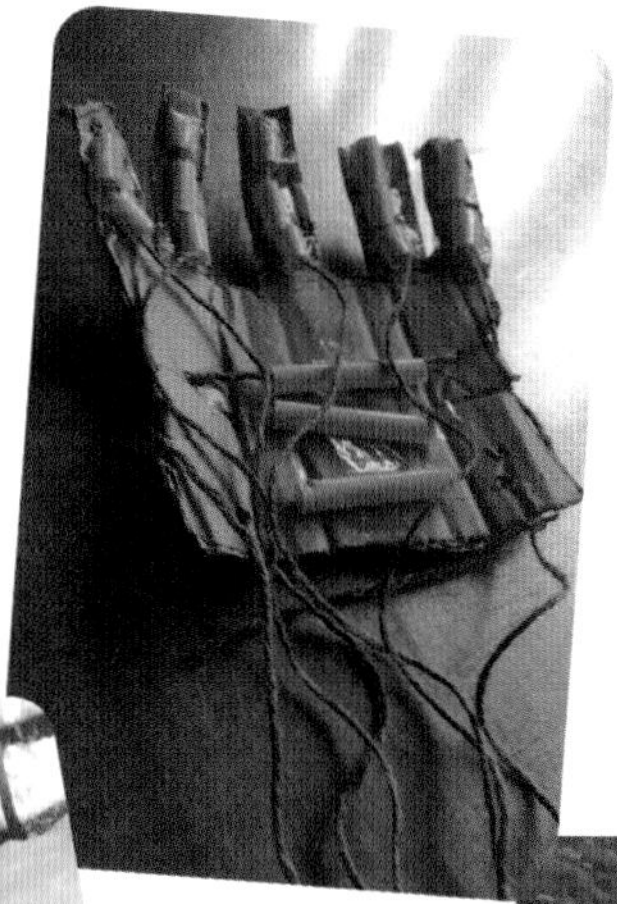

ロボット好きの5歳男児がYoutubeを見て一人でつくったロボットハンド。段ボールとストロー、タコ糸で指が握れる！

雪の日は牛乳と砂糖と卵を持ち出して、アイスクリームをつくる実験！

石は放物線を描いて飛んでいき、石の重さと投げる力で軌跡は変化する。石投げ遊びは確実に算数力を伸ばす。思う存分石を投げられる場所で楽しんで！

野菜の皮をむいてみよう。玉ねぎの皮は試行錯誤が必要だけど夢中になる子が多い。むいた玉ねぎのツルツルした触感や刺激のある匂いも探究心をくすぐる

キャンプや果物狩り、魚釣りなどの「野外体験」は、総合的な知育活動を促します。すべて実体験できなくても、図鑑や科学絵本などの知識も併用すれば未知の世界がリアルに見えてきます。わが家でも、長男は宇宙、次男は深海生物、長女は魔法や妖怪と、同じ家庭に育っても探究心の向く先はさまざまなので、その子に適したサポートを。

2 思考力（算数的思考力・理科的思考力・読解力）
——一歩深く考える、これが圧倒的な学力を育む土壌に

基礎力診断2　思考力
できていたら○、できていなければ×、
中程度なら△をつける

□	太陽の位置から自分の影の方向と長さを予測できる
□	シーソーに重いものと軽いものを載せる場合、釣り合う位置に置くことができる
□	紙に円錐の展開図を描いて切り取っておく。その紙で円錐形をつくれる（事前に円錐をつくっておいて同じものをつくるのでも可）
□	本の読み聞かせや動画を見たあとに、その内容を要約して伝えることができる
□	ファンタジーや昔話などのお話の続きを、自分なりに考えることができる

○は2点、×は0点、△は1点として計算し合計を記入する　合計＿＿点

子どもは本来、自分で考える力を持っている。奪うのは誰？

思考力とは、文字通り「考える力」のこと。大きく分けて「算数的思考力・理科的思考力・読解力」の3つがあます。幼児期の思考力の芽生えが、学童期のより深い思考へ導き

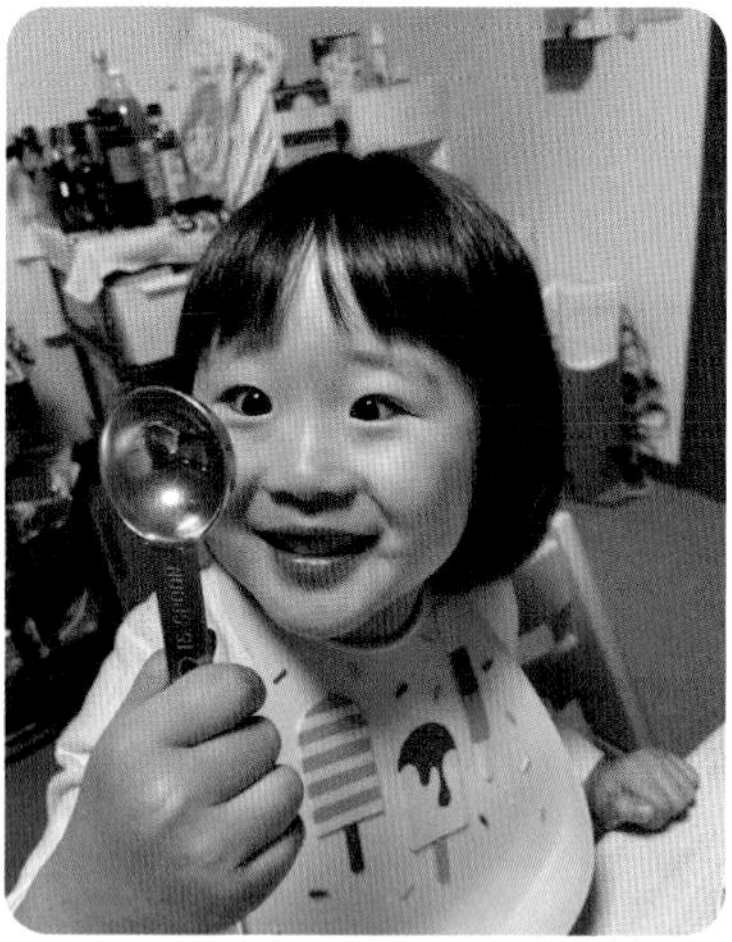

計量カップや計量スプーンは、思考力アップの鉄板ツール。飲み物の量を測って家族で分けたり、重さの感覚をつかんだり。スプーンのふくらんだほうに自分の顔はどう映るかな？　凹んだほうではどう映るかな？

ます。8歳までの思考力の目標は、ズバリ「自分の考えを持てること」です。

「うちの子は言われたことしかやらなくて……」という相談をよく受けます。これは思考停止の状態。子どもは自分で考える力があり、それを奪っているのは、ほかならぬ親です。子どもが危なくないよう、間違えないよう、親が先回りしてサポートやコントロールするのは愛情からの行動ですが、この先、子どもが主体的に逞《たくま》しく生きていくには、自分で考える力がどうしても必要です。

子どもの要求にすぐ対応しなくてもOKな理由

「コレがほしい」「あそこに行きたい」などの子どもの願いは、極力叶えてあげたいけれど、ちょっと待って。子どもは、簡単に願いが叶えられないときこそ頭を働かせます。

私の息子がザリガニ釣りで用意した餌を使い切ったとき、彼の「餌をもっと買って」コールを断ったら、葉っぱや枝の「疑似餌《ぎじえ》」を釣り糸につけて捕まえていました。

子どもの「なぜ？」に親がとるべき正しい態度

「なんで？」「どうして？」と質問してくる「なぜなぜ期」。どう答えたら思考力が身につくかというと、正解は「答えない」。

自分の子育てでも英語スクールでも、「すごい、よく気がついたね！　○○ちゃんはどう思う？」と返しています。すると、その子なりの素敵な考えを述べてくれます。このとき、答えが間違っていても絶対に否定しないで。代わりに「いい考えだね」や「一緒に調べてみようか」と、応じます。親が正しい答えを教えることは、子どもの思考力を伸ばすチャンスを自らつぶしているのです。

算数的思考力・理科的思考力にはこれが大事

8歳までは、計算ができる、漢字が書けるなどの学習面より、考え方を感覚的に摑むことが大事。算数的概念なら数や図形、重さ、量について、具体的には「5つあるってどんな状態？」「同じってどういうこと？」などがわかること。理科的概念なら自然科学への知識や興味を持って「雨はなぜ降るの？」「この花とあの花は何が違う？」などをザックリとらえるのです。

こうした感覚は、社会や経済などをとらえる思考の支えにもなります。

読解力には「読み聞かせ＋質問」のセット

8歳までに身につけたい読解力は、どんな話なのかを大まかに理解する力です。

縫い物で針を使う前に、紐通しの遊びで表裏交互に紐を通すやり方を覚えると効率的。紐が絡まず上手にひし形をつくれた！

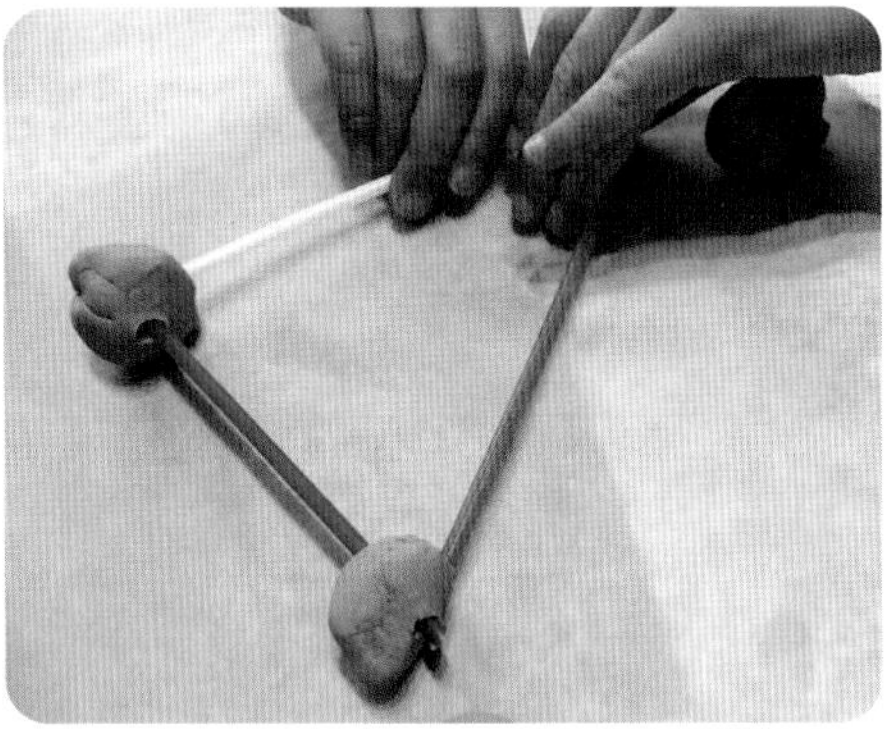

粘土とストローでの図形遊び。図形には辺と角があることがわかると、本も机も、すべては図形でできていることに気がつく！

絵本の読み聞かせでも、その日の出来事でもいいので、話し終わったら「誰が○○したのかな？」「最初に遊びに来たのは△△ちゃんと□□ちゃんのどっち？」などとストーリーを追えていたかどうかの質問してみましょう。クイズ形式にしたり、要約させたりしてもいいでしょう。何も考えずにジーッと見ているだけの子どもも多いので、思考力を身につけるなら、最後の質問までをセットにして、絵本やお話タイムとしてください。

「TVで言っていた」「ネットで見た」は思考停止のサイン

思考力の高いお子さんの親御さんと話をすると、お父さんお母さんがよく考える人だと気づきます。子どもに思考力をつけたければ、親もどう思うのか、自分の意見をしっかり持ちたいものです。

思考力が伸びる魔法の質問

思考力は持って生まれた頭のよさでしょうか？　いいえ、思考力はトレーニング次第で伸ばせます。わが家の末っ子は、なんでも姉兄がやってくれるので、まったく思考せずニコニコしてやり過ごしていました。小学校入試にあたり、これではいけないと3カ月間ほど、日常生活のなかで「なんでだと思う？」「なぜそう思ったの？」と、息子

大人と真剣勝負。手加減はなしで！

混ぜると何色になるかな？

に思考させる質問を繰り返しました。

するとある日、『つるの恩返し』の絵本を読んでいるときに、「ママ、ここ間違ってるね。羽がなくなったつるはスーッと空に飛んでいけないよね。飛べないから歩いていったか、バタバタ飛んでいきました、だよね」と言うではありませんか！　それ以来、そんなふうになんでも考えながら行動するようになったのです。

クイズを出せたら思考力が育っている証拠

思考力は、わが家の末っ子のように、たままた確認できることもありますが、目に見えないので本当に育っているのか？　と疑問に思うかもしれません。そんなときは、クイズをつくらせることで評価基準にできます。たとえば、答えが「りんご」だとしたら、「赤くて丸いものなんだ?」と出題していたのが、「秋の果物で、赤いものと緑のものがあります。この前はそれでパイをつくりました！　なんでしょう?」などと、クイズ問題のクオリティーが変わってきます。

3 運動能力――身体を思い通りに動かせると、やりたいことがあふれ出す！

基礎力診断3　運動能力 できていたら○、できていなければ×、 中程度なら△をつける
□ くま歩き（膝を伸ばした四つん這い歩き）で部屋の端から端まで歩くことができる
□ その場でボールを20回、連続で突くことができる
□ ゴム跳びを素早く跳んだり、くぐったりできる
□ ケンパケンパのリズムで前に進むことができる
□ 「おちゃらかほい」などの手遊び歌に合わせてリズムよく遊ぶことができる
○は2点、×は0点、△は1点として計算し合計を記入する　合計　□点

世界の常識！ 運動能力を高めるとIQも高まる

「運動能力は認知能力をアップさせる」という結果は、さまざまな研究機関で発表されています。身体的活動量が多く運動時間が長い子どもほど、言語能力や算数的思考力、注意力などの認知能力が総じて高い傾向が見られるとのこと。つまり、幼児期に基礎運動力を伸ばすことがIQ200への近道にもなるのです。

8歳までの運動能力の目標は、ズバリ「自分の思い通りに身体を動かせること」です。

「走る・跳ぶ・ぶら下がる」といった基本の運動から、「ボールを投げる・蹴《け》る・突く、紐をくぐる・跳ぶ」などの動作ができるようになると、思い通りに身体を動かせるようになります。すると、「気になる虫を捕まえたい」「川面に落ちた石がどうなるか見てみたい」などの探究心があふれ出し、自分のことは自分でやってみたい、という自主性にも火がつきます。

雑巾がけは子どもにとって最高の遊びでありトレーニング。そして親の体幹トレーニングにもおすすめ！　親子で10分雑巾がけタイムも素敵ですね

インナーマッスルが貧弱だと長く座れない。「雑巾がけ」が◎

腹筋や背筋が足りないと、椅子にじっと座っていられず学校の授業にも集中できません。身体の筋力バランスが悪いと、同じスポーツの練習をしても身につく能力に差が出ます。

「うちの子はなかなか伸びない」と思ったら、基本の運動能力を見直しましょう。

基本の運動能力は、8歳くらいまでは生活の範囲内で伸ばせます。たとえば、チェック

項目にある「くま歩き」は、両手両足を伸ばして四つん這いで進む動きで、この姿勢で歩き回る練習をすると次第に体幹が安定し、学習する姿勢も保てるようになります。「くま歩き」を生活のなかに落とし込むコツは「雑巾がけ」。私のスクールでもよく「雑巾がけレース」をします。部屋がピカピカになるし、楽しくて何度もやっているうちに体幹が鍛えられ、掃除で自立の精神も養われる――素晴らしい運動です。

川の中にジャンプ！
自分の身体を自在に動かせるまでに運動能力が発達すると、自信がついて、いろいろなことに挑戦したい気持ちが出てくる

8歳までに身につけたい運動能力は？

「ボール突き」や「ゴム跳び」は、たんにボールを突く筋肉やジャンプする筋肉を育てるほかに、手足の協調性や全身のバランスを養います。

これらの運動をするときは、空間認識や、ボールやゴムの動きの予測、距離や角度を目算するなどの理科的・算数的思考力が必要だし、ほかの人とやる場合はコミュニケーション力も必要です。運動は総合力。

「うちの子は遺伝的に運動が苦手」などの心配は無用ですよ。アスリートを目指す高度な運動能力には遺伝が関係するかもしれませんが、8歳までに身につけたい総合的な基礎運動の範囲なら、訓練すれば誰でもできます。

「運動神経が悪い」のではなく、まだ取り組んでいないだけです！

4
巧緻性——「自分でできる」を叶える陰の立役者は、指先の発達

基礎力診断4　巧緻性

できていたら○、できていなければ×、中程度なら△をつける

- □ 5回以上折ってつくる折り紙（紙飛行機など）を一人で折ることができる
- □ 6本程度の鉛筆を輪ゴムで束ねて留めることができる
- □ ランチクロスにお弁当箱を持ち運びできるように包むことができる（横からお弁当箱が落ちたりしないように包める）
- □ 2本の紐をちょうちょ結びで結ぶことができる
- □ 2本のモールをねじり合わせて、1本にすることができる

○は2点、×は0点、△は1点として計算し合計を記入する

合計 □ 点

巧緻性がIQに与える見逃せない影響

巧緻性とは、指先や手首を使った運動のことで、「手先の器用さ」と言い換えられます。

「ペンや筆で紙に書（描）く、箸を使う」など特定の道具を使った動きや、「紐を結ぶ・通

クレヨンや色鉛筆を自由自在に使えるかな？　巧緻性のトレーニングでは、はみ出さないように、色むらがないように

す」など手指の総合的な動き、手首や爪先を使って「ねじる・裂く」などの動きが代表的。**8歳までの巧緻性の目標は、ズバリ「指先まで思い通りに動かせること」です。**巧緻性とＩＱは深く関わるといわれ、巧緻性が低いと工作や折り紙もうまくできないので面白く感じない、虫や小動物もうまく扱えず好きになれないなど、探究心の発達を妨げる原因にもなります。

なんでもやってあげていませんか？

自分のことを全部自分でさせるだけで、子どもの巧緻性はぐんぐん伸びていきます。「可愛くて、なんでもやってあげたい♪」と、大人が手伝ってしまうのは本末転倒。自分でボタンを留める、靴紐を結ぶ、体操着を畳んでタンスにしまう、などの毎日の繰り返しが、巧緻性を発達させるほか、自立にもつながります。

「楽しく練習」で巧緻性は勝手に伸びる

巧緻性もほかの能力と同様、練習すればするほど伸びていきます。どれだけ楽しく練習できるか、そこは親御さんの腕の見せどころ。「うちの子は不器用で……」と嘆く方がいますが、実は指先を使う機会が少ないだけでは？　実践の場をどしどし与えましょう。

「ゆび編み」でマフラーをつくってみよう。ゆび編みなら小さい子でも始められる

家事は巧緻性を伸ばす最高の実践教材

家のお手伝いは巧緻性を伸ばすのにうってつけ。料理、掃除、裁縫、洗濯、どれをとっても指先・手首を存分に使います。「それ、やってみたい！」と言いだしたらどんどんやらせましょう。洗濯物を畳むのでも、アイロンがけでも、今やりたいことが、その子の巧緻性レベルに合っているのです。お手伝いは単調なトレーニングと違い、さまざまな動きや思考が必要な最高の教材。具体的なやり方は第5章でご紹介します。

手首を使う大切さ

近年、蛇口をひねらなくても水が出る自動水栓や、ボタンの代わりにマジックテープなどの利用が増えたことで、暮らしは格段に便利になり、そのぶん、手首を動かす機会が減りました。だからこそ、意識して動かす必要があります。手首がよく動く子は字が上手に書け、さまざまな動きがスムーズです。逆に手首の柔軟性が低いと、スポーツや運動のパフォーマンスが低下するうえに、日常生活での動作に制限が生じ、生活の質も下がります。蛇口をひねる、紐で結わえるなど、生活のなかで意識して手首を使い、可動域を広げましょう。

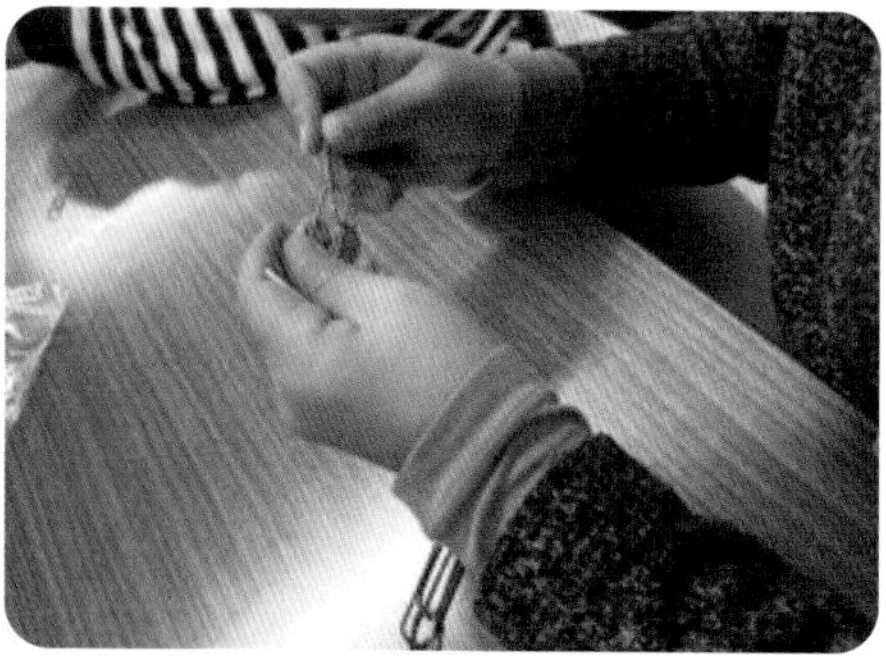

クリップをつなぐ速さを競う遊び。普段はクリップを触ることはないかも。でも複雑なクリップのしかけに子どもは夢中

新学期の持ち物に欠かせない雑巾を自分でつくってみよう。多少縫い目が粗くても問題なし！　先生にもビックリされるはず

絶対禁止、こんなタイミングのトレーニング

一つ注意点があります。巧緻性を伸ばす練習をやってはいけないシチュエーションがあります。箸を使う練習なら、豆の移し替えゲームなど遊びのなかで行ない、食事中は楽しく美味しく食べることに集中しましょう。ボタンを留める練習も朝の慌ただしい着替え中には行なわず、時間をつくってママの洋服の大きなボタンなどで練習しましょう。食事中に箸がうまく使えなければフォークを渡し、着替え中にボタンが留められなければ親が留めて、それらとは別にトレーニングの時間を設けることが上達のコツ。

巧緻性がＩＱをアップさせることがわかると、生活の一から十までを、頑張ってトレーニングにあてようとする親御さんもいますが、やりすぎると親子の生活の楽しみや触れ合いの場を奪うことになりかねません。生活の質を上げ、親子のよりよい時間を持つことが巧緻性トレーニングの目的であることを忘れないでくださいね。子どもが興味を持ったことを中心に、自分の手でできることを増やせるようサポートしましょう。

5 自立・自己制御力
──自分で自分の面倒を見ることが学びのスタート

基礎力診断5　自立・自己制御力 できていたら○、できていなければ×、中程度なら△をつける
□ 脱いだ靴や上着を整えられる
□ 遊んだあとや作業をしたあとに自分で片づけができる
□ 自分の予定に対して自分で支度ができる
□ 自分で決めたこと（お手伝いや学習など）を進んでできる
□ 自分がどこに住んでいるか言える
○は2点、×は0点、△は1点として計算し合計を記入する　合計　□点

感情コントロールや善悪の判断に影響する

子どもが成長するにつれて、ますます複雑になっていく社会生活や人間関係のなかで、**自分で自分をコントロールできること**が、「自立・自立制御」の目指すところです。

自分でできることは自分で。靴を揃えることは基本中の基本

8歳までの目標は、ズバリ「自分のことが自分でできること」です。

感情のコントロールや善悪の判断、自主性や自己コントロールに関わるこの力は、脳の前頭葉《ぜんとうよう》の発達と大いに関係します。前頭葉は脳が完成する過程で最後にできあがる部分。それまでに「自立・自己制御」できるスキルを身につけさせてください。

お出かけの準備は自分で

自己制御とは、自分自身をコントロールすること。感情や衝動に対する調整だけでなく、計画して実行する能力も含みます。

大きなバッグに子どもの荷物も全部詰め込んで持ち歩く親がいますが、小さい子どもでもお出かけに必要なものを選び、管理することはできます。重いものは親が持つとしても、子どもを手ぶらにしてはダメ。

園や学校の支度、習い事の準備などは、自分でやることをあたりまえにしましょう。家庭でも、自分が遊んだものや、食べた食器を片づけたり、着たものを洗濯かごに入れたりするなど、できるところまでやってみる！　これが、自立への第一歩です。

時間感覚が身につく時計、日付感覚が育つスケジューリング

1日、1週間、1カ月……といった時間の感覚も成長とともに発達し、先を見通して考えられるようになります。時間の感覚は目に見えず、5歳くらいまではあいまいで、「あと5分で出発するよ」「15分したらテレビを消してお風呂に入ろうね」などと言ってもわかりません。では、どうしたら時間の感覚が身につくのか？　時計の針がここからここまでと、針の動きでわからせる手もありますが、小さなお子さんには砂時計を使って時間を見える化するのがいいでしょう。

手帳やボードでの管理も、見える化できていいですね。また、予定を決めるときは、親の独断でやらずに、親子で話し合ってください。自ら計画して実行する経験を繰り返すことで、時間や予定の感覚が育っていきます。

天使ちゃんと悪魔ちゃん、どっちの声を聞く？で理解できる

「自己制御」という言葉は子どもには難しいので、「天使の声と悪魔の声のどっちを聞く？」と言うと理解しやすくなります。たとえば、お片づけしていないとき、「天使ちゃ

自分でお出かけの準備をして、自分で持っていくという経験が管理能力をアップさせる！

んと悪魔ちゃんは、なんて言っている？」と尋ねると、「天使ちゃんはお片づけしようって。悪魔ちゃんはしないって」などと分析できるものです。

「○○ちゃんはどっちの声を聞く？」と促すことで、言われたからやったのではなく、自分で善悪を判断して決定することになり、自立・自己制御の手助けになります。

万が一、お子さんが悪魔の声に賛同した場合でも、「じゃあ、お片づけしないのね」と、お子さんの選択に任せてください。ここで親が自分の考えを押しつけたら、子どもは自分で考えることをやめてしまいます。わが家の末っ子は悪魔の声に流されやすいタイプですが、自分で悪魔の声を選んだことは理解していて、3回目くらいに天使の声を聞いて、自分でYouTubeを見るのをやめることができたときはうれしそうでした。

4歳ごろまではまだ他人を認識できず、自分しかいない世界だといわれます。4～5歳になると他人を認識しはじめ、嘘をつく、人のものを盗る、汚い言葉を使うなどネガティブな行動でトラブルを起こしがち。

そんな言動に対しては、親として絶対やってはいけないことを示しながら（わが家ではどんな理由があろうとも、人を傷つける・人のものを盗る・嘘をつく・マナーを守らな

学校から帰ってきたら何をする？　自分で決めてみよう！

い行為は許しません）、善悪をはっきり伝えることが、自立・自己制御力を伸ばす手助けになります。判断基準のルールは家庭ごとに違ってOK。親も絶対に守ることをルールとしてください。

自立・自己制御力が育つと子育てが信じられないほどラクになる

自分の思い通りにならないと癇癪《かんしゃく》を起こす、レストランなどで何度注意しても走り回ったり、やりたくないと泣きわめいたりするなどの行動パターンは、自立・自己制御力が育っていない証拠。本人ができるのにやらない場合は、「コンピテンス（思いやり、社会的スキル）が育っていない可能性があります。「自分が困らなきゃいい」ではなく、コンピテンスを育てて他者への思いやりを持つことも、自立・自己制御力を伸ばすには必要です。

自己紹介ができることの意味

診断項目に「自分がどこに住んでいるか言える」とありますが、「名前　住所　誕生日　学校名　クラス名　学年」など、自分の属性を言えるようにすると、自分がどんな立場にいるか客観的に見られる（考えられる）ようになり、社会に触れる第一歩を踏み出せます。自己紹介で自分を掘り下げることも自立を進める手順です。

6 コミュニケーション力
――助けや幸せを呼び込んで人生を彩り豊かに

基礎力診断6　コミュニケーション力
できていたら○、できていなければ×、
中程度なら△をつける

- □ 自分から進んで挨拶ができる
- □ 相手の話を聞くことができる
- □ 人に不快な思いをさせてしまったときに、謝ることができる
- □ ルールを守ってゲームなどで遊ぶことができる（トランプやすごろく、ドッジボールなど）
- □ 自分の意見を、先生や家族・友だちに言葉で伝えられる

○は2点、×は0点、△は1点として計算し合計を記入する

合計　□ **点**

■困ったときにこそ必要な力

コミュニケーション力とは、対人関係の意思疎通をスムーズに行なうスキル。この能力が育つと、困ったとき人に助けを求めたり、共感を得たりすることができます。

カードゲームやボードゲーム遊びは社会の縮図。真面目にルールに従うことも大事ですが、相手にカマをかけたり、ポーカーフェイスを装ったりすることで、コミュニケーション力は確実にＵＰ！

これからは高度なＡＩ化が進みますので、必要な情報を得て他者と協力し合わないと一人では生きていけません。職人のように一人で完結する仕事は現在でも既に少なくなっており、マーケットも世界に広がり、文化も言語も違う人と協業し共感することが必要となります。**8歳までのコミュニケーション力の目標は、ズバリ「相手と意思疎通ができること」です。**

基本は挨拶、そしてインプット

コミュニケーションに必要なスキルとして、挨拶《あいさつ》が一番に挙げられます。朝起きたら自分から「おはよう」と挨拶できますか？　人を嫌な気持ちにさせてしまったら「ごめんなさい」が言えますか？　こうした基本的なことが、コミュニケーションの始まりです。

基礎力診断で○がつかない場合、その理由は大人が考える、たんに恥ずかしくて〝アウトプット〟できないだけとは限りません。〝インプット〟と〝アウトプット〟に分けて考える方法があります。

たとえば「自分から進んで挨拶ができない」なら、いつ、どんなとき、どんな挨拶をすべきか、子どもが理解していない可能性もあります。こういうことを知らないと挨拶はできないので、まず必要なのが

コミュニケーションはまず家庭内でできるようになることからスタート。絵本タイムが苦痛なご家庭もあるかもしれませんが、ルールを守ることや相手の話を聞くことなど、兄弟ではお互いによい練習に

〝インプット〟。朝は「おはよう」、昼は「こんにちは」に変わることなどを伝え、声に出して言ってみましょう。遊びのルールなども同じ。親は教えているつもりでも、意外と子どもに伝わっていないことは多いのです。

なぜ挨拶するのか教えましたか？

なぜ挨拶するのかがよくわからないお子さんは、項目7の「コンピテンス」（思いやり、社会的スキル）を伸ばすとよいでしょう。コンピテンスは、人と協力して何かを成し遂げる能力と考えてください。社会生活では相手の状態を想像しながら、意思の疎通を図る必要があり、コンピテンスが育つと自分も社会の一員だと理解し、自ら挨拶するようになる子が多くいます。コミュニケーションとコンピテンスは密接な関係があるのです。

恥ずかしくて挨拶できない子はこのトレーニングから

挨拶をしたくても恥ずかしい、大きな声を出せない、人の顔を直視できない、などというお子さんもいます。その場合は決して無理強《じ》いせず、ハードルの低いことから始めましょう。たとえば、「ごめんね」は言えないけど「ありがとう」は言えたり、「話を聞くこと」はできなくても「自分の意見を言う」ことならできたりと、その子ができることから始めればOK。トレーニングを重ねれば確実に伸びます。最初は家庭内で楽しみながらトレーニングすれば、お子さんの負担も少ないはず。家でできないことは外でもできません。

お子さんにも謝れる「いい手本」になれていますか？

親のコミュニケーションが子どものお手本です。

多くのご家庭と接してきた私がいえるのは、気持ちのいい挨拶ができる親御さんに育てられた子は、コミュニケーション力が高いということ。耳の痛い話かもしれませんが、コミュニケーションの最大の先生は、親です。そこで、本当の自分は引っ込み思案でも、子どものためにいいコミュニケーションを意識してみませんか？　お父さんのなかには、お子さんに謝ることができない方もおられましたが、子どものために変わるチャンスです。

家族みんなでルールを守ってゲームを楽しむのもとてもいい

チェック項目の「ルールを守ってゲームなどで遊ぶことができる」は、トランプやすごろく、ドッジボールなどを想定しています。ゲーム中にルールを守り、わからないときは質問し、教えてもらうにはコミュニケーション力が、また、ルールやゲームの面白さを理解するには思考力も必要です。ゲームを途中で投げ出したり、負けて不機嫌になったりするようなら、自立・自己制御力も見直しましょう。

7 コンピテンス（思いやり、社会的スキル）——今後、一番必要になる力

基礎力診断7　コンピテンス できていたら○、できていなければ×、中程度なら△をつける
□ 日本の昔話や童話を20話以上知っている
□ 自分の食事のぶんだけでなく、家族のぶんも配膳できる
□ よく食べる料理が、どのような食材でどのような手順でつくられるか説明できる
□ 公共マナーを理解している（優先席など）
□ 地球環境のために自分ができる行動をしている
○は2点、×は0点、△は1点として計算し合計を記入する　合計　　点

■コンピテンスはどんなときに役立つ力？

コンピテンスの訳は「社会的スキル」。ただ、この言葉はいくつかの要素を含む言葉で、発達段階の子どもに対しては「思いやり」と言い換えてもいいでしょう。8歳までのコン

ピテンスの目標は、ズバリ「思いやりの心を持つこと」です。お互いを尊重しチームで問題を解決する能力は、これからの時代に不可欠です。

診断項目に「自分の食事のぶんだけでなく、家族のぶんも配膳できる」とありますが、自分以外の家族のことを考え思いやりのある行動ができるかどうかが、コンピテンスのスタートライン。左利きの家族の席では箸の向きを変え、体格に合わせて盛る量を調整し、他者に配慮することで「自分が何をしたらいいか」が見えてきて、自立にもつながります。

何が違う？ 嫌なこと、苦手なことでもやりとげられる子

まだ自分しか見えていない発達段階の子どもは、他者に配慮できず、家族や友だちに不快な思いをさせたことには気づけません。他者に配慮するには、観察力や考える力が必要です。自分が片づけなかったり、約束を破ったりすることの意味がわかってくると、コンピテンスとともに「自立・自己制御力」も伸びます。

自分にとって嫌で面倒なことも行動に移せる「自立・自己制御力」も大事。8つのグローバル基礎力は、お互いに補完し合っています。

日本の季節の行事に触れ、子どもに健やかに育ってほしいという先人たちの願いを知ることは大事な経験

小学２年生の女児たちが企画した「おねえさんとあそぼう」イベント。社会で自分は何ができるかな？小さな一歩を踏み出すことが大事

社会における最小のチームで練習スタート！

園や小学校ではクラスや班活動などのチームに所属しますが、数あるチームのなかで世界最小のチームは家族。そのなかで役割を持ち、責任を全うすることがコンピテンスの最初のトレーニングです。

できることは子どもに任せ、できたらほめ、信頼することで、よりよい関係になっていけます。

小さくてもチームの役割を与えて「貢献の練習」

子どもが小さくても、その年齢なりにできることはあります。簡単で有効なのが「お手伝い」。家族全員の靴を揃える、朝起きたらカーテンを開けて回るなどは、小さくても責任を持ってできるはず。わが家では休みの日の朝食と昼食は子どもたちの担当で、長い夏休みのときは本当に助かります。**家族の仕事は全員で行なうのがグローバルスタンダード。**自分ができることを家族のためにする姿勢は、クラスや学校、部活動、ひいては社会に出て仕事のチームへ影響。年齢とともに大きくなるチームへの貢献の練習です。

文部科学省の提唱する「グローバル人材」の概念	
要素Ⅰ	語学力・コミュニケーション能力
要素Ⅱ	主体性・積極性、チャレンジ精神、協調性・柔軟性、責任感・使命感
要素Ⅲ	異文化に対する理解と日本人としてのアイデンティティー

何が違う？ 異文化の人とわかり合える子

グローバル社会に向けて、8歳までに必要なのは、外国文化を知ることではなく、まずは、日本人としてのアイデンティティーや価値観を育てることだと思います。

自分の家族や地域に愛情を持てない人は、違う国籍や人種・哲学・宗教を持つ人たちが大事にしている家族や地域、文化があることを想像できず、思いやりに欠けた対応をしてしまうかもしれません。

そこで、8歳までは、自分や地域のこと、日本の文化を肌で感じさせてください。お祭りなど地域の行事に触れる、季節の風景と旬を味わう、日本の歴史的文化遺産に触れるなどすれば、生活のなかでアイデンティティーや価値観が培われます。

だから日本を知ると世界へ興味が広がる！

自分の地域や日本の文化のことがわかってくると、世界のことも見えてきます。あるお子さんは、スーパーマーケットに行ったとき、夏なのにりんごが売り場にあ

年齢が異なる人など、多様性のあるコミュニティーで経験を積ませたいなら地域の活動に参加するのが近道！

片づけが一人でできるようになったら、次は兄弟や友だちと力を合わせて片づけることを目標にしたい

るのを見て、冬が旬の食べ物のりんごが、なぜ今売り場あるの？と首をかしげました。

「そうだ！　地球の南側の冬の国からこのりんごは来たのかも」とりんごのラベルを見ると、当たり。ニュージーランド産でした。こんなふうに、まず自分の国や文化を知ることで、世界の知識を上積みしていけます。

リアルに体験するのが一番近道

「信号が赤になったら止まる」「公共の場では騒がない」といった、あたりまえの交通ルールや公共マナーなど、自分たちが暮らす社会のルールや意味を8歳までに知る近道は、街に出てリアルに体験すること。さまざまな形や色の標識や標示、指示マークを見つけて、その意味を考えたり、視覚障がい者用の点字ブロックや優先マークなども、実際に見て触れたりすることが一番の理解になります。

また、ゲームでは疑似体験もできます。大人数で楽しむボードゲームやカードゲームは小さな疑似社会。親と一緒にすごろくやカードゲームなどで遊ぶことも、社会ルールの学びになります。

8 英語力
——英語はツール。使いこなす基礎力を8歳までに

基礎力診断8　英語力 できていたら○、できていなければ×、中程度なら△をつける
□ Please take a seat.と書かれた案内板の意味を理解して行動できる
□ 英語で言われた日付と曜日を聞き取ることができる
□ 飲食店などで写真や絵のついた英語のメニューを見て注文ができる
□ 自分の日課について3語以上の英文を使って話すことができる
□ 英単語のつづりを1文字ずつ発音されれば、聞いてその通り書くことができる
○は2点、×は0点、△は1点として計算し合計を記入する　合計 □ 点

日本語も話せないのに英語を始めて大丈夫？

早期英語教育については、現在、賛否両論があります。幼児期からの英語教育に否定的な方は、母語の日本語がつたなくなることを心配します。しかし、言語は2つ以上を同時

に学習するほうが、脳の言語野が活性化して習得が早いといわれ、実際、早期英語教育を行なっているご家庭ほど日本語も達者なことはよくあります。また、日本語よりも英語が優位になるほど英語教育ができている家庭はほとんどありません。インターナショナルスクールに通っていても日本語が優位になる子がいるほどですから、まったく心配ありません。

■ますます二極化する英語力。どこまで必要？

英語の習得は、母国語の形成を妨げないことが前提条件ですが、母語の日本語で生活している場合は「おうちインターナショナルスクール」の1コマ10分を一日に何コマやっても母語の形成を妨げることはありません。普段の日本語の生活のなかで「8つのグローバル基礎力」を意識するだけで、日本語の読解力や思考力も身につきます。

もし母語は日本語だけど一日の生活がすべて英語だという場合は、ちょっとやりすぎかも。日本語の絵本を読み、日本の遊びをするときは日本語を話すようにしてみましょう。「思考力」や「コミュニケーション」の項目を参考に、8つのグローバル基礎力がバランスよく伸びていることを確認してください。

8歳までの英語力の目標は、ズバリ「最低限の英単語や日常表現が理解できること」で

す。小学生の間に、英検なら3級くらいを目指してください。

今後、英語力は二極化するといわれ、一部のグローバルエリートはネイティブと同様の英語力が必要になる一方、残りの8～9割は高い英語力は必要なくなるかもしれません。

AI化と翻訳システムが発達するから「今後は英語ができなくても問題ないのでは？」との質問をよく受けますが、むしろ逆で、高いレベルでなくても英語を使いこなすことで、得られる情報量や考えの幅が数倍にも広がります。

欧米の実用英語基準CEFRとは

英検3級程度を目指す理由は「CEFR-J」のA1-1レベルと同等だからです。「CEFR（Common European Framework of Reference）＝セファール」とは欧米の英語基準で、実用英語のレベルを示します。そのCEFRをベースにした日本独自の英語能力習熟度指標がCEFR-J。8歳を過ぎ、親に頼らず自分で物事を切り開いていきたい発達段階で、「ここまでできれば大丈夫。もう一人でどうぞ」といえるレベルがCEFR-JのA1-1です。海外にホームステイする場合も、このレベルの英語力があれば子どもだけで送り出せます。足りない部分は、翻訳器でもなんでも使える機転があれば心配ありません。

CEFR-JのA1-1の英語レベルが目安

A1-1レベルの段階で具体的にできることとして、

□SNSにコメントする

□ホームステイや学校生活で指示がわかる

□スポーツやゲームのルールを理解できる

□英語のパンフレットなどから必要な情報を読み解く

□翻訳した情報と原文を比べてみて、原文から必要な情報を取り出せる

などが挙げられます。もう少し詳しく説明すると、次のようになります。

□具体的な欲求を満足させるための、よく使われる日常的表現と基本的な言い回しは理解し、用いることができる

□自分や他人を紹介でき、住んでいるところや、誰と知り合いか、持ち物などの個人的情報について、質問し、答えることができる

□相手がゆっくり、はっきり話して、助けが得られるならば、簡単なやり取りができる

インターネット検索でさまざまな情報を取り出せる現在、世界のウェブサイトのうち英語のコンテンツは55・0パーセント。一方、日本語のそれは3・7パーセント（6位。2023年5月現在）です。つまり日本語での検索だけだと、英語で検索できる人の15分

CEFRとの対照表

CEFR	ケンブリッジ英語検定	実用英語技能検定 1級ー3級	GTEC Advanced Basic Core CBT	IELTS	TEAP	TEAP CBT	TOEFL iBT	TOEIC L&R/TOEIC S&W
C2	(230) 230 ｜ 200 (210) C2 proficiency	各級CEFR算出範囲	各試験CEFR算出範囲	9.0 ｜ 8.5				
C1	199 ｜ 180 (190) C1 Advanced	(3299) 3299 ｜ 2600 2630 1級	(1400) 1400 ｜ 1350	8.0 ｜ 7.0	400 ｜ 375	800	120 ｜ 95	1990 ｜ 1845
B2	(180) 179 ｜ 160 (170) B2 First/for schools	(2599) 2599 ｜ 2300 2304 準1級 (2304)	1349 ｜ 1190 (1280)	6.5 ｜ 5.5	374 ｜ 309	795 ｜ 600	94 ｜ 72	1840 ｜ 1560
B1	(160) 159 ｜ 140 (150) B1 Preliminary/for schools	(2299) 2299 ｜ 1950 1980 2級 (1980)	1189 ｜ 960 (1080) CBT	5.0 ｜ 4.0	308 ｜ 225	595 ｜ 420	71 ｜ 42	1555 ｜ 1150
A2	(140) 139 ｜ 120 A2key/for schools	(1949) 1949 ｜ 1700 1728 準2級 (1728)	959 ｜ 690 (840) Advanced Basic		224 ｜ 135	415 ｜ 235		1145 ｜ 625
A1	(120) 119 ｜ 100 (100)	(1699) 1699 ｜ 1400 1456 3級 (1400)	689 ｜ 270 Core (270)					620 ｜ 320

出典：文部科学省「各資格・検定試験とCEFRとの対照表」文部科学省（平成30年3月）

各民族言語の周波数

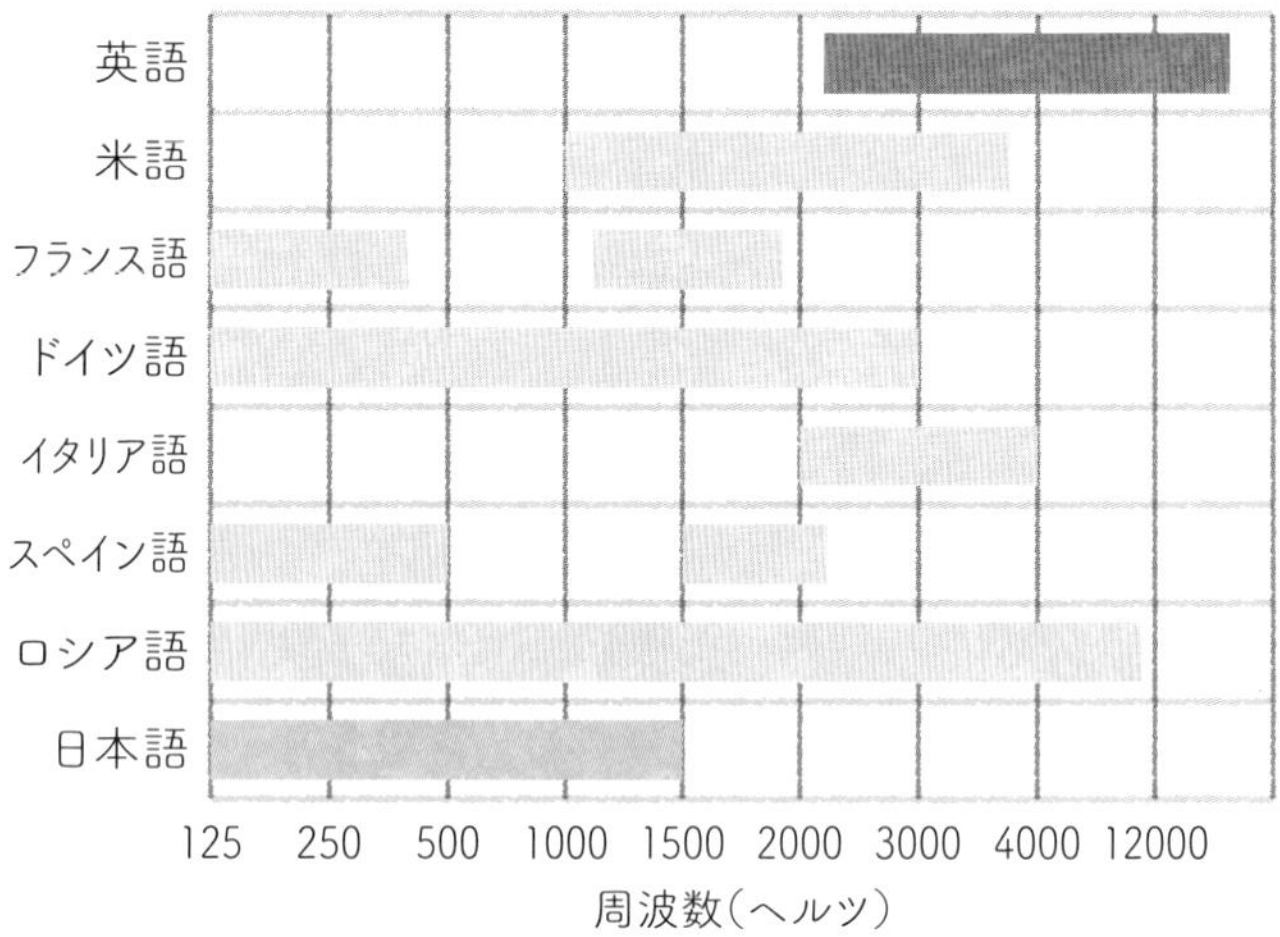

の1の情報で判断しなければなりません。ChatGPTが2023年から一般家庭でも使用されるようになりましたが、ここから得る情報も、やはり日本語より英語のデータが多いため、精度が違います。詳しい英語学習についてはまた別の機会に述べますので、まずは8歳までに英語に触れることを目標にしてください。

リスニング力の「英語耳」も8歳まで

8歳までに英語に取り組んでいただきたい理由の一つに、脳の聴覚野の発達の問題があります。英語の周波数は約2000ヘルツから1万6000ヘルツと高く、一方、日本語の周波数は約125ヘルツから1500ヘルツと低い音域です。脳の聴覚野の発達は6～7歳くらいで完成するとされ、リスニングだけでもこの年齢までにやっておくと、英語の周波数をとらえやすくなり、「英語耳」になると考えられています。

7歳以降で英語を始めた子は、単語はリピートできても3センテンスの英文はリピート

ハロウィンなど楽しい外国の文化に触れることでグッと英語に興味を持つことも！

できないなど、6歳以前に英語を聴きはじめた子との圧倒的な差が見られます。

発音がよくないからママの英語を聞かせたくない!?

世界の中で英語ネイティブ・スピーカーはどれくらいいるかというと、実はわずか25％で3・8億人。世界人口の5パーセントにすぎません。一昔前はクィーンズイングリッシュを目指す方が多かったようですが、現在はネイティブ発音かどうかよりも、ジャパンイングリッシュであれなんであれ、相手と意思疎通できる英語力を伸ばすことが先決。お子さんは自学できるようになると自分で発音を直していくので、ママの発音はまったく気にしなくて大丈夫です。

英語の読み書きはいつから始めるべきか？

読み書きに関しては、「英語も日本語も、その子が文字に興味を持ったときが始めどき」。英語も日本語と同じように幼児期から遊びのなかで学んでいくと、カルタやしりとりの要領で読み書きに触れていけます。ですから、興味を示したタイミングで遊びに取り入れていくことが最適解です。

英語で話しかけても、日本語で返してくるのはなぜ？

まず、英語で聞くことができているのは素晴らしいことです。ただ、英語で返せるようになるには少し時間がかかります。意味のある英語を話せるようになるまでには1500時間ほど、英語に触れる必要があるといわれ、最初は単語だけで返事が返ってくるかもしれません。そのうち2語文・3語文とセンテンスも長くなっていきます。日本語を話しはじめたときを思い出してください。言い間違いや勘違いも可愛いかったでしょ？　英語もしかりです。

CEFRでは正しい英語よりも、通じる英語で何ができたかが評価対象となる。身振り手振りを使っても結構！

英語の読み書きが効率よく進む「フォニックス」

現在日本でも、英語の読み書きについて「フォニックス」での学習が用いられるようになりました。私が「英語&グローバル知育」サークルを始めた15年前にはフォニックスを取り入れているスクールはほとんどなく、自分たちのサークルを立ち上げた理由の一つに「フォニックスで学ばせたい」という想いがありました。

フォニックスとは英語の文字と発音の関係性を学んで、正しい読み方を容易に学習させるやり方で、英語圏でも子どもに英語の読み方を教える方法として用いられています。

日本では小学3年生でローマ字の学習があるため、ローマ字読みより先にフォニックスを覚えることが、英語の読み書きを効率的に進めるコツ。日本語の文字を覚えるタイミングで、一緒にフォニックスも習得できるといいですね。

第4章

一日10分
おうち
インターナショナルスクール
の基本の遊び

天才キッズのママは
「楽しい」を大切にする!

とことん楽しむ練習！
——学ぶ楽しさを体得させるのが極意

ここからはステップ２（７ページ参照）の実践編です。次の「基本の遊び」に含まれる８つのグローバル基礎力を意識して遊べるようになったら、ステップ３として第５章の「おうちインターナショナルスクール生活」へＧＯ！

1 **Let's make cards!** カードづくり
2 **Let's make decorations!** オーナメントづくり
3 **Let's make signs!** 標識づくり
4 **Separating Trash!** 仕分けゲーム
5 **Yummy Desserts!** デザートづくり
6 **Spring Hunting.** 季節集め
7 **Inside my head.** 頭の中を当てっこゲーム
8 **Feeling masterpiece!** 見えないものを絵にしよう！

この8種は、何度も繰り返すことで効果が現れます。季節や行事に合わせてアレンジできるものを選んでいますので、一度行なったら終わりではなく、ぜひ1年に何度でも繰り返し実践してくださいね。

たとえばカードづくり。わが家では、クリスマスやバレンタイン、家族や友だちの誕生日、パーティーの招待状など、年に20回はつくっていました。年齢や経験、8つのグローバル基礎力の伸びに合わせて完成度も変わってくるので、お子さんの成長に合わせてその都度ゴールを決めてください。同じ遊びを兄弟と一緒に取り組むのもいいでしょう。

遊びを始める前に、成長を促す8つのルールを見ていきましょう。

遊びのルール❶ 親自身が楽しむことが、一番大事！

親が「楽しい」と感じているとき、一緒にいる子どもも同じように「楽しい」と感じます。これは「ミラー効果」と呼ばれる脳の反応（186ページ参照）で、子どもの鏡となる親の役割はとても重要です。ポジティブな経験は脳に記憶として定着しやすいので、親も必ず本気で楽しみながら遊んでください。

遊びのルール❷ 何回も同じ遊びをするのがいい！

一度で上手にできたとしても、身体や手先が覚えるまで何度も繰り返してください。

基礎能力を育む遊びは、野球のバッティングでいえば素振り練習と同じで、繰り返して無意識にできるようになった先に、ヒットやホームランも狙えるようになるからです。

親の腕の見せどころは、子どもが何度でもやりたくなる環境づくり。楽しく遊んでいたら8つのグローバル基礎力が自然と身についていた！　これを目指しましょう。

遊びのルール❸　8つのグローバル基礎力を意識して！

その遊びは、8つのグローバル基礎力のどれを主に伸ばすか？　一目でわかるよう、ページごとに星印でレベルを示しました。上達のコツは、ただ漠然と遊ぶのではなく、星印が多い基礎力を「意識して・計画的に」行なうこと。たとえば「これは巧緻性が伸びる遊びだから、時間がかかっても丁寧にやろう」「今はコミュニケーション能力のトレーニング中。お返事できないならもう一度声をかけてみよう」などと意識すると、お子さんの気づきや興味は何倍も違ってきます。繰り返すうちに、お子さん自身が星印の力を意識できるようになるので、そうなるまでは、親子で一緒に遊んでください。

遊びのルール❹　10分以内がベスト！

遊ぶ時間は、初めのうちは「5～10分」と短く限定してください。子どもの集中力は思いのほか短く、2回、3回と繰り返すうちに楽しさは半減します。「もっとやりたい」とせがまれても10分以上はしないのが鉄則。「また明日やりたい！」「明日の何時にやるの？」と心待ちにする状態をキープしましょう。

一日5分の時間さえつくるのが大変な場合は、「年齢プラス1分」だけ集中してやっているうちにお子さんの能力が伸びてきて、お母さんも楽になってきます。「たま〜に一気にたくさん行なう」より、「毎日少しだけを長期間続ける」ことが能力を定着させるコツ。楽しくても最初からやりすぎないように気をつけて。

遊びのルール⑤ ハードルはできるだけ低く！

「難しい課題に早く挑戦させたい」と思っても、ハードルは低く。既に9割ができることから始めてください。できないことを無理強いすると自尊心を傷つけかねません。一度できないと二度と挑戦したがらない子もいますが、繰り返すうちにできるようになる年代なので、決して急がずにお子さんの発達に応じた基本の遊びから始めてください。

遊びのルール⑥ できたらほめる、できなくても必ずほめる

できてもできなくても、また、できてあたりまえなことでも、忘れずにほめてください。できないときのほめ言葉の例は「やってみようと思って偉いね」「ここまでできてすごいね」「よく気がついたね」「丁寧にできたね」「ママも一緒に遊んで楽しかった」など。親は遊んでいる10分間にほめポイントを探し、ほめるトレーニングに取り組んでください。最近、「ほめ育」が問題視され、ほめられないとやらない子が増えているとか。でもここは、よい遊びを身につけるトレーニングなので、「ほめすぎかしら？」などと気にしなくもて大丈夫です。

遊びのルール⑦　親自身が準備してから始める

「さあ、遊ぼう！」と子どもを呼ぶ前に、親は準備を完璧に。８歳までの子は、親が思うよりもずっと些細なことで気がそれてしまいます。遊びの途中でスマホが鳴ったり工作中にセロハンテープが切れたりしたらアウト。必要な道具も事前に点検し、親も遊びに集中！

準備リスト

- トイレはすませておく　・機嫌が悪いときは行なわない
- テレビ、スマホ、インターフォンを〇ＦＦモードにする
- 必要な材料や用具は机上に出しておく（鉛筆を削り、テープは切れていないか確認）
- お腹が空いているときや疲れているときは、先におやつや休憩をとる

遊びのルール⑧　子どもが興味を示さないときは違う遊びへシフト

その日の気分や発達段階によっては、子どもがやりたがらないことや興味のない遊びもあります。その場合は、無理にやらせずに別の遊びをしましょう。たとえば、友だちに誕生日カードをつくることを、子どもが嫌がれば、デザートづくりの項目を参考にお菓子をつくってプレゼントに変更してもいいでしょう。

以上をふまえて、おうちをインターナショナルスクールに変える手始めとして、「一日10分の基本の遊び」をしましょう。

Let's make cards!

カードづくり

相手を想ってつくる季節のカードで、巧緻性も思考力もコンピテンスも育つ

家族やお友だちに愛や感謝の気持ちを伝えるカードづくりは、思考力や巧緻性、コミュニケーション力などを総合的に伸ばします。欧米では、誕生日や母の日・父の日、クリスマスやバレンタインデーにカードを贈り合います。親子でカードを交換し合うのもいいですね。

用意するもの

- カード台紙(色画用紙など)1枚
- ハサミ
- ノリ
- クレヨンやペン、鉛筆など
- 折り紙(デコレーション用)

探究心	★★☆☆☆	巧緻性	★★★★★	コミュニケーション力	★★★★☆
思考力	★★★★★	自立・自己制御力	☆☆☆☆☆	コンピテンス(思いやり、社会的スキル)	★★☆☆☆
運動能力	☆☆☆☆☆	英語力	★★★☆☆		

身につく力

対称図形を考えることで思考力が育つ

左右同じって？　大きいって？

閉じた形、開いた形の違いは？

実際にカードをつくりながら対称図形や合同図形など図形の基本を感覚的に摑むことで、算数的思考力の根っこが育ちます。手順を考え、仮説を立て、カードをつくる過程でさまざまな角度から考える力が養われます。「二等辺三角形を2つ合わせれば正方形、4つなら大きな三角形も長方形もつくれる！」のように図形の概念を理解することが、将来のどんな職業にも役立ちます。

ハサミで切る、ノリで貼る、爪でしごく手作業で巧緻性が育つ

ハサミで複雑な形を切り取れますか？　ノリを薄くまんべんなく延ばし、紙が破れないように力を加減しながら爪で折り目をつけられますか？

手先を使えば使うほど神経が指先まで伸び、器用な動きが得意になります。

気持ちを込めるとコミュニケーション力、コンピテンスが育つ

日本ではコミュニケーションの教育をあまりしませんが、子どものころに低いハードルから徐々にハードルを上げていくと、ごく自然に最高のコミュニケ―ションができる子に育ちます。カードを贈る相手を想って形を考え、実際にカードを渡すことは、この年齢にふさわしいコミュニケーションの課題です。

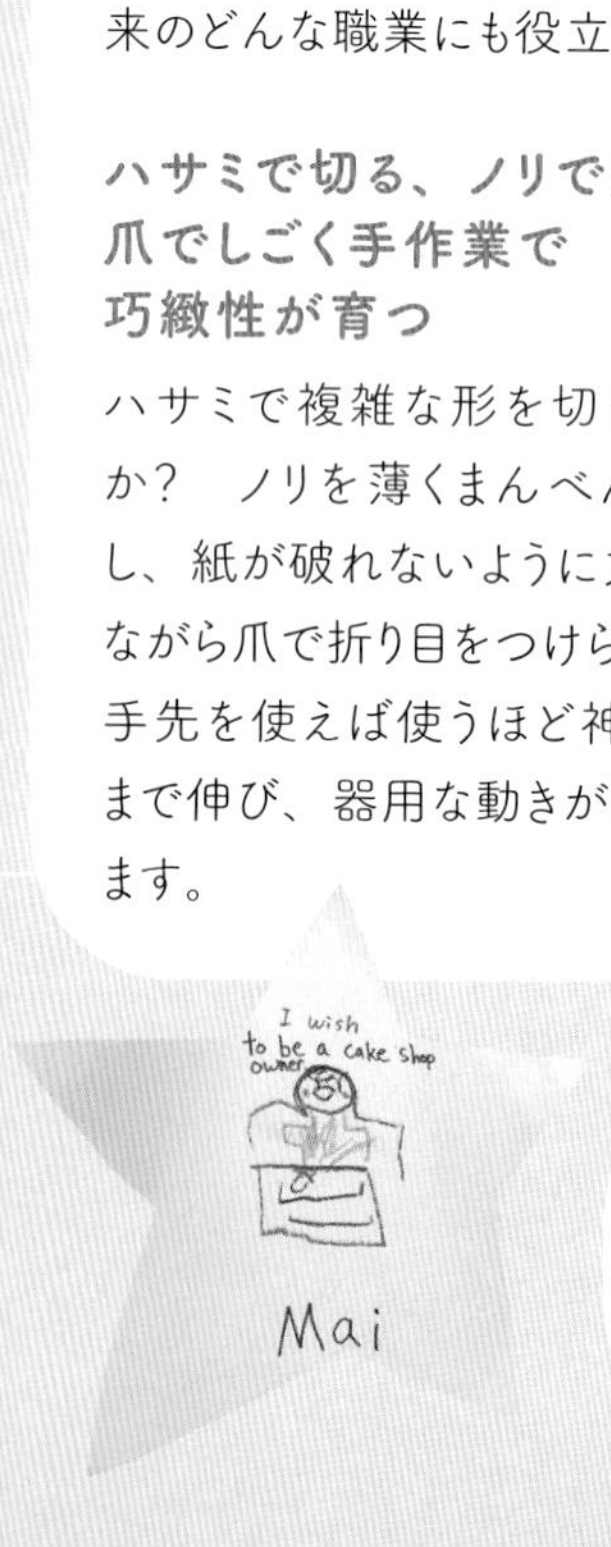
I wish
to be a cake shop
owner
Mai

基本の遊び方

1. カードを贈る目的と相手を決める
2. 紙を半分に折る。折り目をつける
3. ハート形の半分の形を折り線に沿って描く。
   親が描いて「どんな形になるかな？」と聞くのもいいですね
4. 線に沿ってハサミで切る
5. 文字や絵を描いて完成！
6. カードを渡すときは「ありがとう」「大好きだよ」「また遊ぼうね」など、相手に気持ちを伝えよう！

思考力を伸ばすポイント

対称図形

「対称図形」とは、一つの直線を折り目にして2つに折り、両側がピタッと重なる図形のこと。線対称と点対称があり、線対称は、図形の概念でとても大事。

この遊びの目的は、図形の半分の形を想像できるようになることで、基本の丸、三角、正方形、長方形、ひし形、楕円、台形は、8歳までにマスターしてほしいですね。次は星形やリボン、車など、複雑な形にも挑戦しましょう。折り目に近いほうが中心になるように描かないとバラバラの図形になってしまうので、総合的な思考も要求されます。

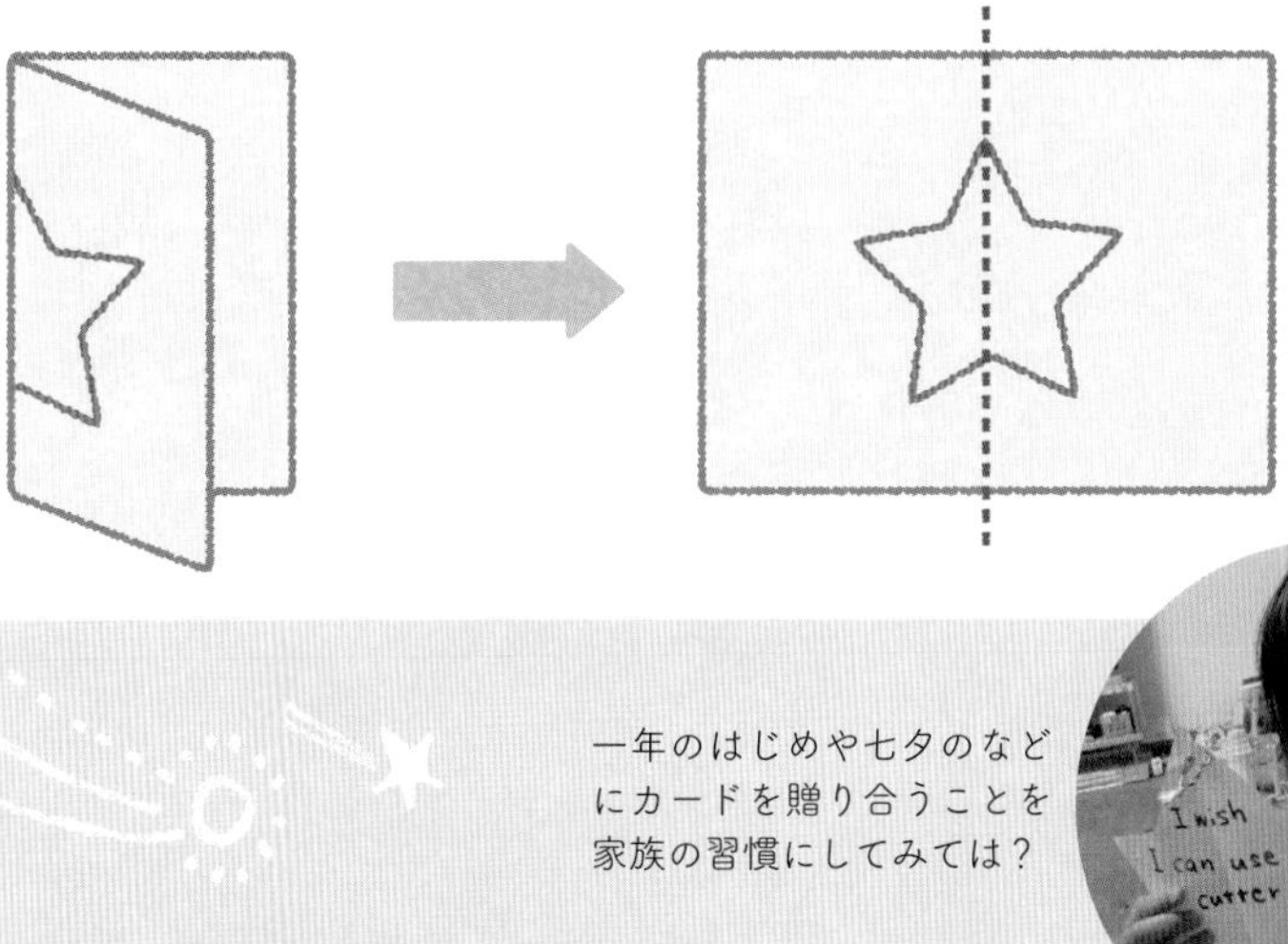

一年のはじめや七夕のなどにカードを贈り合うことを家族の習慣にしてみては？

思考力を伸ばす声かけ

全部の形、半分の形、4分の1の形を頭の中で折り畳んだりくっつけたり、行ったり来たりできることを目指し、次のような声かけをしましょう。

- 最初に「丸型」を見せて（または書いて）「この半分はどんな形？」と質問します。四角や三角などでも聞いてみてください。手で半分隠してヒントを出すのもいいでしょう。
- 実際に半分に折れる場合は「ジャジャーン、半分に折ったらこうなりました！」と遊びます。

巧緻性を伸ばすポイント

ハサミ

ハサミ使いがうまくなるよう、刃を大きく広げ、刃の根元で切る練習から始めます。最初はザクッと1回切り、できたら次はチョキチョキと2回・3回切り。チョキチョキチョキとリズムよくハサミを連続して動かせたら、丸や星形など複雑な図形にも挑戦。ハサミを持つ手と紙を回す手の左右両方を動かすので、感覚統合するいい練習になります。

さまざまな感覚によって得た情報を有効に利用できるように組み合わせる脳の働きのこと。五感をコントロールできるようになると気が散ることや癇癪がおさまり、集中して取り組めるようになる！

折り目をつける

紙を折るとき「端と端をぴったり合わせる」「折り目をしっかりつける」、この2つの練習をしてください。折り目がゆるいと誤差が出てきれいな仕上がりになりません。また、折り目は爪を使ってしごくようにつけるのがコツ。子どもの皮膚は柔らかく、指の腹では折り目がつかないので、爪先まで使います。一つひとつきれいに仕上げることで、その後の生活習慣や学習習慣が変わってきます。

発展

- 折り紙などで対称図形の飾りをつくり、デコレーションしてみよう
- ハートを半分にしたときの形が理解できたら、カード台紙を星形やリボン形など、好きな形で作成してみよう

コンピテンスを伸ばすポイント

相手の喜ぶ顔をイメージする

誰にどんな目的でカードを用意するか？ 相手はどんな色や形が好きか？ 正解はなくても、相手の喜ぶ顔を想像しながらカードをつくると、思いやりの心が育ちます。カードを贈るお友だちとの思い出や、家族との楽しい経験を聞いてみましょう。親が思ってもみなかった話が聞けることもあります。相手も自分も幸せな気分になるよう、カードに一言添えたり、写真を貼ったりするなどの工夫もしてみましょう。

体験者の声

（5歳女児のママ）画用紙をまっすぐ切ることはできていたのですが、ハートは曲線でできていて、しかも2枚重ねなので娘には切るのが難しかったようです。もうやだ！ と言うかと思ったら逆。ハート形が好き！ つくりたい！ という理由から、何度もトライしてできるようになってしまいました！ 子どもってすごい！

＼英語で挑戦／

Fold the paper in half. 紙を半分に折ります。
Draw a line like this. こんな線を書いてね。
Cut along the line. 線に沿ってカットしてね。
What shape will we get? どんな形になるかな？
Write your messages on this card. カードにメッセージを書こう。
Let's glue it on your card. それをノリでカードに貼ろう

Let's make decorations!

オーナメントづくり

季節の飾りを毎年少しずつつくると、子どもの成長もわかる

七夕やハロウィン、クリスマスや家族の誕生パーティーなどのデコレーションを手づくりしてみましょう。わが家では、部屋に飾るオーナメントは既製品を買わず、それぞれのイベントに向けて、毎日1点ずつ手づくりすることを習慣にしていました。すると、同じサンタクロースの飾りでも毎年違うものができあがり、飾りつけるたびに子どもの成長がわかってより楽しめます。ここでは代表的なオーナメントとして「モールを使った飾り」と「切り絵を使った飾り」をご紹介します。

用意するもの

- モール（赤、白、緑、金、銀のクリスマスカラーがおすすめ）
- （吊るすための）リボンか紐、または糸

探究心	★★☆☆☆	巧緻性	★★★★★	コミュニケーション力	★★★★☆
思考力	★★★★★	自立・自己制御力	☆☆☆☆☆	コンピテンス（思いやり、社会的スキル）	★★☆☆☆
運動能力	☆☆☆☆☆	英語力	★★★☆☆		

モールを使ったオーナメント

クリスマスオーナメントといえば、「キャンディーケーン（candy cane）」が定番です。ここではモールを使い、ねじりながらつくってみましょう。ねじるコツを摑んだら、いろいろな色の組み合わせや形にもチャレンジ。

基本の遊び方

1 赤と白のモールを用意する

2 モールを交互に端からねじって縞《しま》模様をつくっていく

3 すべてねじったら一方を杖《つえ》の持ち手の形になるよう半円に曲げてキャンディーケーンの完成

4 キャンディーケーンに紐を通す

5 クリスマスツリーに吊るす。ほかの色のモールでもつくってみよう

発展

- 粘土や布、アルミホイルなど、モール以外のいろいろな素材を使って、星やハート型など多彩なオーナメントにチャレンジしよう。吊るす際に紐を結びますが、しっかり固結びができるようになると、指先の力が強化されます

身につく力

ねじる動きの繰り返しで巧緻性が伸びる

指先でねじる動きを繰り返すことで、指を器用に動かせるようになります。

季節を肌で感じると
コンピテンスや社会のルールが身につく

日本では七夕やひな祭り、子どもの日、誕生日、ハロウィンなど、オーナメントづくりの機会はクリスマス以外にも一年中あります。季節を肌で感じながら自国と他国の文化を感じるチャンス。その家庭らしさあふれる愛情いっぱいのオーナメントで室内をデコレーションし、今だからできる体験を親子で楽しみましょう。

自作オーナメントを飾ってほめてあげると
お子さんの自己肯定感がアップ

自分が好きな色や柄でつくった作品を「わあ、きれいだね」「よくできたね」と共感され、ほめてもらえたら、うれしさはひとしお。そんな経験が何回できるかで、自己肯定感の伸びも変わってきます。作品そのものがお子さんの感性や能力の結晶ですから、完成度にかかわらず丸ごと認め、いつも見られる場所に飾ってください。

行事に合わせた作品づくりで想像力や感性が伸びる

同じ切り絵の技法でも、窓に貼ってステンドグラスふうにしても、紐で吊るしてゆらゆら揺れるオブジェにしても素敵。台紙に貼ってお洒落なカードにするのもおすすめ。一つやり方を覚えれば創造力が広がり、行事や季節に応じて自在にアレンジできます。「こんなふうにも使えないか?」と、試行錯誤すると探究心や思考力も伸びます。

さまざまな素材でつくると探究心や思考力が伸びる

「こんなカードがいい!」と、完成イメージに向けていろいろな素材に触れ、試すことが探究心や思考力につながります。

体験者の声

材料を置いておいたら子どもが進んで工作を始めました！

毛糸やモールなど、工作の材料を100円ショップで購入。子どもが見えるところに置いておいたら、前回はキャンディーケーンを大量につくり、今回はコガネムシやちょうちょなどをつくっていて、成長が見えました。材料をさりげなく置いておくことも大切ですね。

苦手なツイストも、遊びながら繰り返したら上達できた！

ツイスト（ねじる手作業）は息子には難しいらしく、はじめは苦戦していましたが、だんだん上達し、クリスマスにはモールでキャンディーケーンをいくつもつくりました。また、クリスマスにいただいたお菓子袋を「開けて」と頼んでくるので、「逆ツイストしてみたら？」と提案したら、見事、開けられました！　遊んでいるうちに本当に巧緻性が身につき喜んでいます。

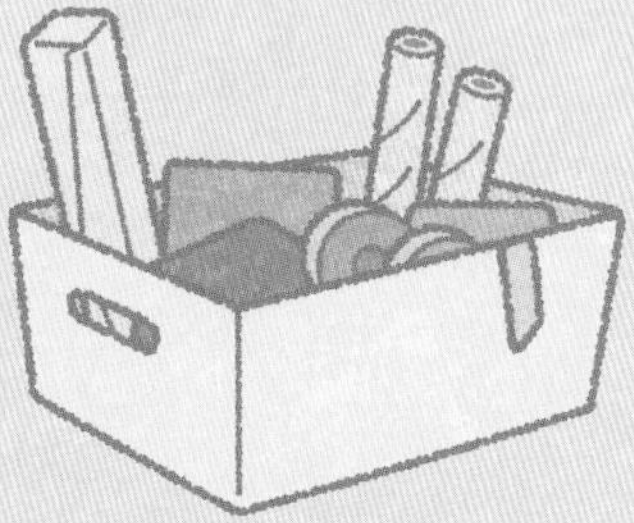

大きな入れ物にラップ芯、アルミホイル、折り紙、スズランテープ、お菓子の空き箱などをガサッと全部入れておくと、子どもは好きなときに自分で工作できる

＼英語で挑戦／

Twist the pipe cleaners.　モールをねじって。

Bend one side down.　片ほうを曲げてね。

Let's decorate the Christmas tree.
クリスマスツリーを飾りつけよう。

Put a twist tie to hang.　ツイストタイ※で飾ろう。

Let's hang it on a string!　紐で吊るそう！

※パンなどの袋の口を留める針金が入った短いリボンのことで吊るすのに便利。ビニールタイなどともいう

切り紙を使ったオーナメント

線対称・点対称を感覚で覚える切り絵づくりは、大人も一緒に楽しんで！

七夕には、笹につける切り絵を使ったお飾りをつくってみましょう。七夕以外のパーティーにも使えるし、インテリアとしても長く楽しめます。

用意するもの

- 折り紙など薄い紙
- ハサミ
- 鉛筆

基本の遊び方

1. 折り紙などを対角線に半分に折り、真ん中を中心にさらに3分の1に折る
2. 鉛筆で切り込みのガイドラインを引く（引かなくてもOK）
3. ハサミでガイドライン上を切る
4. 広げる

折り紙などを折って切り込みを入れるだけで素敵な飾りができるので、「もっとやりたい！」と止まらない子がほとんど！

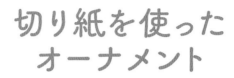

思考力を伸ばすポイント

点対称

「Let's make cards! カードづくり」では「線対称」で遊びましたが、ここでは点を中心に対称図形になる「点対称」を意識して遊びます。ハサミを入れるとき、折った紙のどこに切り込みを入れるといいか？ 開いたときどこが切れているか？ 遊んでいるうちに関係性がわかってきます。
基本は、真ん中の点を中心に三角に折っていきますが、四角に折ったり、真ん中をずらしてみたり……。どのように折ると、どんな点対称になるかを考えながら、好きな模様をつくってみましょう。

＼英語で挑戦／

First, fold in half.
まず、半分に折ってね。
Make corner.
角を合わせて。
Make a crease nicely.
折り目をつけよう。
Cut the end off.
端を切ってね。
Make the incision.
切り込みを入れて。

身につく力

切る、貼る、爪でしごく作業で巧緻性が育つ
「カードづくり」と同様、複雑な形をハサミで切ったり、ノリで貼ったり、爪でしごいて折り目をつけたりすると巧緻性が伸ばせます。

点対称を理解してつくると思考力が育つ

一年の行事に触れると、コンピテンスや風習が学べる
そのほかは、モールを使った飾りと基本的に同じ。

発展

- 切り絵の素材を変えてつくってみよう。セロファンやお花紙を使うと透けて見え、窓に貼るとステンドグラスのようできれい

Let's make signs!

標識づくり

社会のルールを理解し、
自分と相手の気持ちを考えるきっかけに

私たちの周りにはルールを示す多くの標示や標識、マークなどがあります。ここでは社会のルールを知ることと、自分はどうやってルールを守るかを考えながら家庭内の標識をつくります。

家の中のルールを自分で考えていいという提案に、子どもは大喜び。
子どもの意見も家族のチームの一員として尊重して

用意するもの

- 画用紙
- クレヨンや絵具

探究心	★★★★☆	巧緻性	★★☆☆☆	コミュニケーション力	★★★★★
思考力	★★★★☆	自立・自己制御力	☆☆☆☆☆	コンピテンス（思いやり、社会的スキル）	★★★★★
運動能力	☆☆☆☆☆	英語力	★★★☆☆		

身につく力

標識や標示の意味を知ると観察力、思考力、コンピテンスが育つ

道路標識をはじめ、街中にある数々の指示マークや標示の意味を知ると「観察力」や「思考力」が養われ、社会ルールを理解すると、コンピテンスも育ちます。マークや標識の色や形が人の心に影響を与えることへの気づきは、将来的に、自分と社会、国と国との関わりなどを理解する礎《いしずえ》にもなります。

思いやりや感謝の気持ちが育つ

社会や家庭のルールを知ると、自分以外の人の立場を考えられるようになります。

標識や指示マークの分類（仲間分け）で論理的に考える力がつく

標識や指示マークの色や形の意味を知ると、「仲間分け＝分類」ができるようになり、筋道を立てて物事を考えられるようになります。

他者を尊重するコミュニケーション力が育つ

もしルールを破ったら？　家庭のルールなら、自分以外の家族が不快になることを知ると、気配りや思いやりの心が育ち、コミュニケーション力につながります。他者の考えを想像する能力はグローバル社会では欠かせません。

標識づくりは子どもの優しさや家族への思いやりを感じられる楽しいアクティビティ

基本の遊び方

1 身近にある標識や指示マークを思い出してみる

2 それぞれの標識やマークの意味を答える。知らないものはあったかな? 見たことのあるものはあったかな?

3 家の中に掲示する標識を考えてみよう。家族みんなが気持ちよく過ごすためのルールはなんだろう?
どこにどんなサインがあったら、もっといいおうちになるかな?

4 画用紙にクレヨンで(大きなものをつくるなら絵の具を使って)標識をつくってみよう

5 実際におうちの中に自作の標識を貼ってみよう。家族にその標識の意味を説明をしてあげてね

コンピテンスを伸ばすポイント

家族に必要なルールを考える

この遊びは、社会には多くのルールがあり、それを道路標識のように誰にでもわかるように示しているという気づきを促します。ルールと標識のことを知れば街中の標識や標示、マークやサインが気になりだすでしょう。それを教えたうえで家族が気持ちよく暮らすためのルールや、家庭内に掲示するマークや標識について話し合ってみましょう。私の英語スクールの授業では、赤ちゃんのいる部屋の前に「静かに」の標識や、お父さんがおならをするから「ダイニングルームではおなら禁止」などユニークな標識が並びました。お手本が示せるよう、子どもと決めたルールには親もしっかり従うことも忘れないで。

発展

- 道路標識の色の意味を知っているかな？　たとえば、赤は注意を引く色。人間の感覚に訴えて危険や禁止を表すとき使われる。黄色はよく目立ち、人の目には前方に飛び出して近く大きく見える特性から、注意を喚起する。くっきりと明るい青色は、視認性が高く（見やすくてわかりやすい）、正しい情報を伝える色として使用される。自然界に多い緑色は目に優しく頭をすっきりさせる作用から、主に安全のサインに使われる――これらを意識して「自分の標識」をつくってみよう

つくった標識を貼って、実際に家族がルールに従って行動するところまでが「標識づくり遊び」です。標識が機能したかフィードバックして話し合ってみて

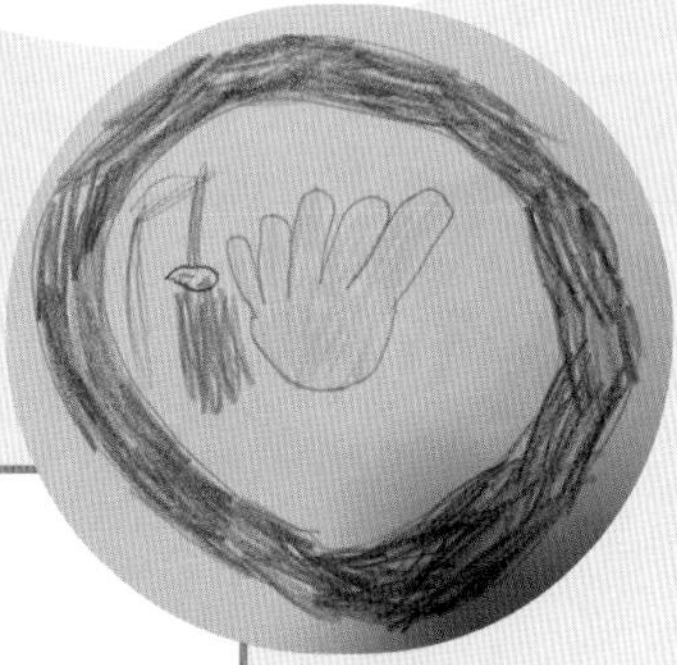

英語で挑戦

What does this sign mean?
このサインはどういう意味かな？

Red slash signs mean "Don't do this".
斜め線のサインは“やっちゃだめだよ”の意味だよ。

Watch your step.
足元に気をつけて。

Be quiet.　静かに。

Separating Trash!

仕分けゲーム

社会の仕組みを知ることで、楽しみながら社会に参加する意識を育てる！

毎年4月22日は「Earth Day（アースデイ）」。私たちの住む地球について考える日です。Earth Dayはもちろん、それ以外の日常でも、地球環境のために自分は何ができるか？　子ども自身で考えてほしいと思います。

ここでは「ゴミの仕分け」をゲームとして楽しみましょう。

教えれば子どもでもリサイクルマークを見分けられるようになり、リサイクルに関心を持ち、地球環境に意識を向けることが多くあります。

「これはリサイクルできる？　ゴミを少なくするには？」と考えることで、思考力やコンピテンスが高まるほか、新聞を束ねて縛ったり、大きなゴミ袋の口を結んだりして手先を使うので巧緻性が育ちます。まずはゴミの仕分けを自分事として、探究心を持って取り組むことからスタートです。

用意するもの

- 不要になった缶・ペットボトル・ビン・紙類・プラスチックゴミなど
- 仕分け用のラベル（123ページのラベルをコピーして使用）
- ボックス（ゴミ箱やゴミが入る大きめの箱）

※地域ごとにゴミの分別の種類は異なるので、地域のルールに合わせて分別する

探究心	★★★★☆	巧緻性	★☆☆☆☆	コミュニケーション力	★★★★☆
思考力	★★★★★	自立・自己制御力	★☆☆☆☆	コンピテンス（思いやり、社会的スキル）	★★★★★
運動能力	☆☆☆☆☆	英語力	★★★★☆		

身につく力

材質やリサイクルの可否を考えると思考力が育つ

毎日出るゴミをただ捨てるのではなく、材質ごとに分別することで思考力が伸びます。

出したゴミのその後を考えると探究心、創造力が育つ

自分が出したゴミが、そのあとにどう処理されるかまで考えることが能力アップのカギ。

ルールがわかるとコンピテンスが育つ

家庭や地域のルールを知ることで社会の仕組みがわかり、人を思いやる力が伸びます。

ゴミの仕分けから「仲間分け」の思考を学ぶ

ゴミの「仲間分け」で、モノの総称を表す**上位概念**と、一つずつのモノの名を表す**下位概念**のとらえ方が身につきます（120ページ参照）。

毎日のゴミの仕分けを遊びに変えることで、毎日学びの時間ができる！

基本の遊び方

1. ラベルを貼った複数のボックスを用意する
2. ゴミを一つ手に取り、親が「どこに入れたらいいかな？」と聞く
3. 子ども自身がどのボックスに入れたらいいのか考えて入れる
4. 入れたボックスがそのゴミに合っているか、親子で答え合わせをする

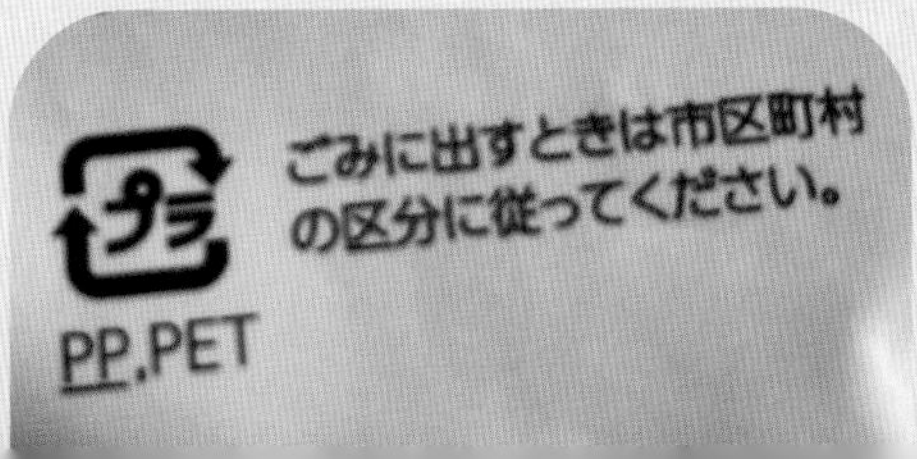

コンピテンスを伸ばすポイント

地球のためにできることを考える

遊びながら社会のルールや仕組みを学び、「自分は何ができるか?」を想像することが大切。子どもにはゴミは汚いという概念はありませんし、表示マークの意味がわかると、ゴミが宝の山にように感じるお子さんもいます。楽しそうにノリノリでゴミと向き合う姿に親は驚くかもしれません。

さらに、SDGsや地球で起こっている問題について説明すると「自分もできることをやろう!」と意欲的になり、行動を起こすお子さんも多くいます。子どもでも実行できるエコバッグの話やフードロスなど身近な話題を選ぶといいでしょう。

思考力を伸ばすポイント

仲間分け

ここでは、「仲間分け」という思考でゴミを分類します。

「仲間分け」とは、形や色など仲間同士に分類すること。たとえば「果物」と「野菜」という仲間分けができたら、ほかに「赤いもの」と「黄色いもの」、「食べたことがあるもの」と「食べたことがないもの」のように仕分け方は何通りも考えられます。

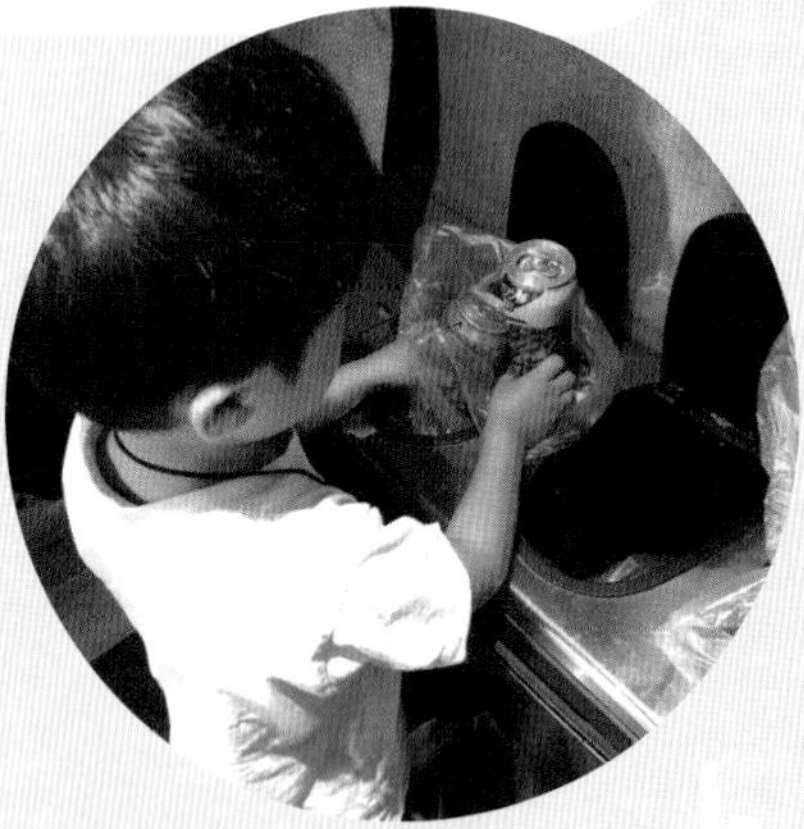

仲間分けができるようになると、情報を整理する力がつきます。上位概念と下位概念という考えが理解できるようになります。たとえば、食べ物の分類でいえば、「果物」「野菜」「魚」などが**上位概念**で、**下位概念**は「りんご」「バナナ」などの小分類を指します。このゲームでは、上位概念が「ゴミ」で下位概念が「ペットボトル」や「びん」「缶」で、この関係性が論理的に物事を考えるのに役立ちます。

算数の概念を伸ばすポイント

数を比べ、多い少ないという概念を知る

ものの数を比べられるようになることが未就学児童の算数の達成目標ですが、それ以前に「何と何を比べるか」について考えることができる必要があります。

りんごとバナナの数の多い少ないを知りたいのか、箱の数を比べるのかなど、上位概念と下位概念がわからないと理解できません。

いろいろな角度から仲間分けすることが、思考力の成長につながります。

「仲間分けゲーム」は日常の掃除や整理整頓など、さまざまなシーンで実践できます。戸棚の整理、冷蔵庫の中の片づけなども、学習のチャンス。お手伝いもできて一石二鳥です。

仕分けゲームを実際に体験することで思考を見える化。仲間分けを論理的に考える力が早く身につきます

発展

- ゲームで仕分けを覚えたら、次に家庭のゴミ箱にも仕分けラベルを貼り、実際にゴミを分別してみよう
- 実際のゴミからリサイクルマークを確認しよう。何種類見つけられるかな？
- 地域のゴミの回収と分別について知ろう。ゴミの種類によってゴミの回収頻度が違うのはなぜなのか？　回収方法が違うわけは？　回収されたゴミがその後どうなるのか？　理由を考えたり調べたりしてみよう
- 実際にゴミを出してみよう。何日の何時に、どんなゴミを回収してくれているのかな？

体験者の声

「すぐママを呼ぶ→自分でやる」に変えて巧緻性トレーニング

自分でやる前から「ママやってー」と、開かない袋を持ってくるなど、巧緻性（指先の器用さ）が足りないと感じたので、ゴミ出しのときに新聞の束や豆乳パックの束を紐で結ぶように教えました。これまで教えていなかった自分を反省。できることをもっと積み上げていけば、なんでもまず自分でやってくれる気がします。

自分の行動と地球環境のつながりに興味津々

ゴミの仕分けをしながら地球環境の話を子どもにしてみました。すると、最近は自分のしたことに対し、「これ、happy earthになる？」と聞いてきます。地球環境とのつながりを認識しはじめたことはうれしい変化です。

＼英語で挑戦／

can/plastic/glass/paper
缶/プラスチック/ガラス/紙

Blue label is for paper trash.
ブルーのタグは紙ゴミ用です。

Where will you put this in?
どこに入れたらいいかな？

We can reuse it.
再利用できるよ。

左ページのこのラベルをコピーして切り取って箱に貼ってお使いください

PAPER
GLASS
PLASTIC
CAN

Yummy Desserts!

デザートづくり

美味しくて探究心も思考力も育つ！ ぜひ定番のおやつに

料理は思考力や探究心を育てる最高のトレーニング。ここでは子どもが大好きなデザートの「ゼリー」と「野菜チップス」のつくり方をご紹介します。初めてでも簡単にできます。

探究心 ★★★★☆
思考力 ★★★★☆
運動能力 ☆☆☆☆☆
巧緻性 ★★★★☆
自立・自己制御力 ★★☆☆☆
英語力 ★★★★☆
コミュニケーション力 ★★☆☆☆
コンピテンス（思いやり、社会的スキル） ★★☆☆☆

ゼリー

お子さんは、ゼリーが液体からできていることを知っていますか？
料理は化学実験でもあります。フルーツジュースにゼラチンを溶かし、氷水で冷やせば固体になります。この変化を実体験しながら親子クッキングを楽しみましょう。ほかのデザートに比べて、ゼリーは手間がかからないので入門としておすすめのメニューです。

用意するもの

- 100％フルーツジュース1カップ
- 黄桃など缶詰の果物（生の果物だと酵素で固まりにくくなることがあるので缶詰がよい）
- ジュースの量に合ったゼラチン
- 砂糖：ジュースカップ1に対して大さじ2
- 型抜き（なくてもOK）
- スパチュラ　▶包丁　▶まな板　▶鍋
- 氷　▶大きなボウル2つ
- ゼリーを入れたい皿やグラス、カップ

身につく力

手先を細やかに使うことで、巧緻性が育つ

混ぜる、型抜きする、流し込むなど、小さなお子さんでもできることがたくさんあります。

つくる過程の化学反応（変化）で、理科的思考力や探究心が育つ

探究心にスイッチが入ると、ものを見る目が変わります。一流シェフの料理も、医薬品やさまざまな工業製品も、化学的な状態変化から生まれ、つくられているんだ……と想像することが、将来の科学的興味につながります。

フルーツをカットしたり盛りつけたりすると算数的思考力が伸び、数や形、空間認識能力や重さ、量についても学べる

盛りつけ方を考えるとコンピテンスや自立・自己制御力が育つ

「食べる人が喜ぶ盛りつけは?」「食べやすいのは?」などと考えることでコンピテンスが育ち、「自分はどんな味や盛りつけが好きかな?」と、自分を知ることで自立・自己制御力も育まれます。

基本の遊び方

1 フルーツジュースを1カップ鍋に注ぎ、砂糖を入れる
2 鍋を中火にかけ、沸騰するちょっと手前で火を止める
3 ゼラチンを鍋に入れて溶け残らないように混ぜる
4 ボウルに鍋の中身を移す
5 氷と水を入れたボウルに4をボウルのまま浸し、粗熱を取る
6 冷蔵庫に入れて冷やし固める
7 型抜きで果物をカットしてゼリーに飾る

発展

- ゼラチンは何度で溶け、何度で固まるのかな？　料理用の温度計があれば計ってみよう
- 缶詰以外のフルーツを使ってつくってみよう。固まるかな？
- 果物の種を当てっこしよう。果物をカットするときに「この種はなんの種でしょう？」「実一つに種は何個入っていたでしょう？」などとゲーム感覚でお子さんの自然科学への興味や探究心を高めていきます
- 種には、大きな種や小さな種、丸い種、薄い種などさまざまな形状があると知ることで、果物にも仲間があり、木になるのか地面になるのかなど、生育にも違いがあることに気づくでしょう

英語で挑戦

Pour 1 cup of fruit juice.　フルーツジュースを1カップ注ぎます。
Mix, mix, mix！　混ぜて、混ぜて、混ぜて！
Let's put them into the fridge.　冷蔵庫に入れよう。
Let's cut it into a star shape.　星型に切ろう。
It became jelly!　ゼリーになったよ！
It's time to decorate.　飾りつけしよう。

野菜チップス

野菜を薄くスライスして油で揚げると、カラフルで美味しい栄養満点のチップスになります。油で揚げることが心配なら、フライパンやオーブンで焼いてもつくれます。

野菜が苦手なお子さんも、チップスにするとカリカリと美味しく食べやすくなります。また、野菜の断面や成り立ちを知ると、野菜への興味が広がります。

用意するもの

- 野菜（じゃがいも、さつまいも、にんじん、ごぼう、れんこんなど）
- 皮むき器・スライサーなど、スライスできるもの
- フライパン
- キッチンペーパー
- 油
- 塩

※ここでは包丁を使わないやり方を示しました。
皮むき器やスライサーだと安全にでき、野菜の観察にも集中できます。なければ包丁で。ただし、包丁による皮むきや薄切りは、小さく切るだけよりも難しいため、親が手伝ってあげましょう。

基本の遊び方

1 野菜は洗い、皮をむき、薄くスライスする

2 アクのある野菜は水にさらし、キッチンペーパーでよく水けを切る

3 くっつかないよう1枚ずつ油で揚げる
※お好みで片栗粉をまぶしてもよい

4 揚がったら塩をまぶす

身につく力

野菜の皮むきやスライスで巧緻性が育つ

慎重に手を動かす体験が、指先や手首のトレーニングになります。

野菜のスライスで理科的能力と探究心が育つ

スライスした野菜の断面を見て「中はこうなっているんだ」と、特徴を知ることで能力アップにつながります。

野菜に触れ、味や香りを味わうことで感性が育つ

探究心を伸ばすポイント

野菜や果物の断面

野菜や果物を切る際に、縦・横・斜めに切って断面の違いを観察してみましょう。自分で切ってみると、種があったり、模様が変わったり、誰かに切ってもらった果物や野菜を食べているだけでは気づかない発見が多く、探究心にスイッチが入ります。

発展

- 油で揚げると色や香り、触感がどう変わるか体験してみよう
- 野菜や果物がどうやって育つか図鑑などで調べてみよう

英語で挑戦

Can you peel the carrot?　にんじんの皮をむいてくれる？
Slice the potatoes.　じゃがいもを薄切りにして。
Drain it.　水けを切って。
Let's fry it.　油で揚げよう。
Sprinkle salt on it.　塩をまぶして。

Spring Hunting.

季節集め

日本の美しい四季を感じ、分類することで仲間分けの概念を育む

日本は四季折々にさまざまな花が咲き、季節の虫が現れます。そんな季節を感じられるものを、134ページのようなハンティングノート持参で親子で探しに出かける遊びです。どんな花が咲いているかな、どんな虫がいるかな？慣れてきたら次は、いい匂いのもの、きれいな色のもの、ザラザラしたものなど、五感をフルに使ったテーマハンティングにもチャレンジ。また、スーパーマーケットも季節探しに最適な場所です。店内には旬の野菜や果物、魚などがズラリ。四季のハンティングノートを使って見つけたものをチェックしましょう。遠出しなくても生活圏内でできるので、春夏秋冬行なえる遊びです。

用意するもの

- 筆記用具
- 採取用のビニール袋や虫かごなど
- ハンティングノート2枚（お子さん用、保護者用　134ページをコピーしてご使用ください）
- 下敷きなど

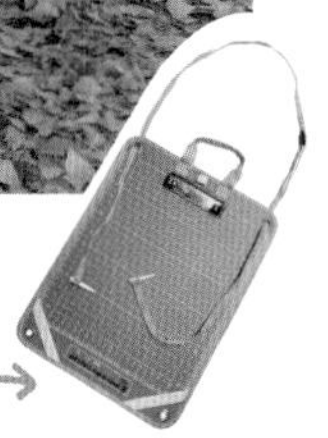

※私の英語スクールでは散策しながらメモやスケッチができるよう、首にかけるタイプの探検ボードを使います。下敷きに紐をつけるだけでも子どもは大喜びでフィールドワークに持参します

探究心	★★★★☆	巧緻性	★★☆☆☆	コミュニケーション力	★★☆☆☆
思考力	★★★★☆	自立・自己制御力	★★☆☆☆	コンピテンス（思いやり、社会的スキル）	★★★★★
運動能力	★☆☆☆☆	英語力	★★★★★		

身につく力

自然との触れ合いで アイデンティティーやコンピテンスが育つ

季節の花や虫、食べ物を知ることで、自分のアイデンティティー（主体性）が、そして、地域の自然や文化を知ることで、コンピテンスが育ちます。

より深く観察し思考する能力が身につく

花には開花時期があり、食べ物には収穫時期があることを知ると、植物の生育サイクルや季節の特徴など、より深い観察力や思考力が身につきます。

五感で自然の美しさや旬に触れると、探究心や思考力がさらに強化される

基本の遊び方

1. ハンティングノートとビニール袋・筆記用具などを用意する
2. 公園などに親子で出かけ、見つけた花や虫をチェック
3. 帰宅したら採取した葉や花をハンティングノートに貼ったり、季節集めの感想を書いたりして、気づいたことをまとめる

ハンティングノートを見やすくファイルすると、四季の変化が一目瞭然。年齢によっても採取するものや発見する目線が変わり、続けていると1年ごとの子どもの成長もわかります。採取するときは子どもだけでもよく、親子が一緒の場合は、親はお子さんの発見する楽しみを見守り、手も口も出しすぎないように気をつけて！

探究心を伸ばすポイント

四季と地球

インターネットでなんでも買える現代は、四季があることや、季節ごとに咲く花や食べられる食材が違うことは、教えられないとわからない子もいるでしょう。「季節探し」をすると、旬の野菜や果物の生育の不思議に触れることで、日本には明確な四季があるけれど、四季がない国のことも知るなど、深く物事を考えるスイッチが入ります。

発展

- 時間のない親御さんは、移動中の少ない時間を利用して季節探しを。子どもと一緒に行くスーパーマーケットやコンビニエンスストア、通学路にある花壇や近くの畑など、どんどん活用して
- ハンティングノートを持ち歩き「一日に一つ」季節のものを見つけ、そこからいろんなことを考えることも効果的な季節集めのやり方
- 季節集めのほかに、色集め、形集めなど、なんでもハンティングゲームにすることができます。お子さんのお気にいりのハンティングゲームを見つけてみて！

コンピテンスを伸ばすポイント

季節を美しいと思う心

桜や新緑、紅葉に雪景色など、四季の美しい光景を目にするたび、日本に生まれたことを幸せに思う人は多いでしょう。同じように、子どもがまだ見ぬ世界の仲間たちにも故郷があります。これからの時代は、相手にも大事にしている自国の自然や文化があると認識できる子が、力を発揮するでしょう。人を思いやるには、まず自分のアイデンティティーを深めることが出発点となります。8歳までは四季を肌で感じることが何よりも価値観の形成になり、コンピテンスも高めます。

体験者の声

「色集め」をリピートし続ける様子に驚き、感激！

color hunting（色集め）をやってみたら、すっかりハマって、エンドレスでリピートしています。高価な人形とかではなく、こんなことに夢中になって遊ぶとは正直驚きましたが、楽しんでくれてよかったです。私自身、子どもと一緒に楽しんでいます。

英語で挑戦

Let's go outside!　お外に出かけよう！

Let's check the box if you find something.
何か見つけたら□にチェックをしよう。

I found it! I see（It's）a dandelion!
みーつけた！ たんぽぽ！

Let's find something nice smelling.
何かいい匂いのものを見つけてみよう。

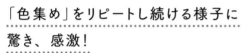

\ Check the box if you find something! /

はるさがしでこうえんへいこう!

Spring Hunting / Let's go to the park!

むし　Bugs & Insects

☐ あり
ant

☐ てんとうむし
ladybug

☐ だんごむし
roly-poly

☐ もんしろちょう
cabbage white butterfly
(small white butterfly)

はな　Flowers

☐ たんぽぽ
dandelion

☐ さくら
cherry blossom

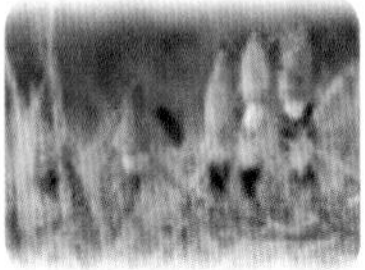

☐ つくし
horsetail

☐ チューリップ
tulip

☐ しろつめくさ
white clover

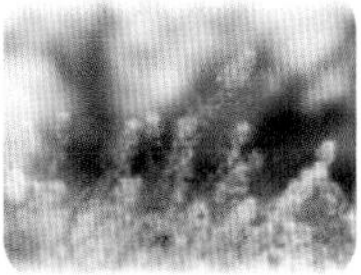

☐ なずな
shepherd's purse

☐ はるじおん
philadelphia daisy

☐ なのはな
canola flower

Inside my head.

頭の中を当てっこゲーム

私の頭の中、知ってる?
親子でguessするコミュニケーションゲーム

困ったとき、楽しいとき、お子さんは自分の言葉で表現して、親や友だち、先生に自分の気持ちを伝えられていますか? あなたはお子さんのことをどれだけ知っていますか? 自分で自分のことをどれくらい知っていますか?

コミュニケーションが活発にできるとIQが上がりますが、もっと大事なことがあります。コミュニケーションが苦手なままだと、困ったときや体調がすぐれないときなどに、必要な助けを求めることができません。リスク回避の手段としても必須のスキルがコミュニケーション力です。この力を高めるには、伝えること、聞くことの両方が必要。

たとえば、「好きなお弁当のおかずは? 好きな色は? 将来の夢は? 私の頭の中、知っている? 私が今、一番ほしいものなんだかわかる?」

このように、お子さんに簡単なことを質問し、親子で質問のキャッチボールを繰り返すことで能力は伸びていきます。お子さんから親御さんへ、親御さんからお子さんへ、どんどん聞いて、答えて、お互いの頭の中を当てっこしましょう。能力アップに加え、自信もついてきます。それができたら、次は親戚や友だちなど遊ぶ相手を広げていきましょう。

用意するもの

- 筆記用具
- 「頭の中を質問」するシート 2枚(お子さん用、親御さん用)

探究心	★★★☆☆	巧緻性	☆☆☆☆☆	コミュニケーション力	★★★★★
思考力	★★★☆☆	自立・自己制御力	★★★★★	コンピテンス(思いやり、社会的スキル)	★★★★★
運動能力	☆☆☆☆☆	英語力	★★★★★		

身につく力

質問し、答える練習でコミュニケーション力が育つ

8歳までの目標は相手と意思疎通できること。言葉だけでなく心も通じるコミュニケーションには相手の気持ちを想像し、どうすれば相手に通じやすいか考える必要があります。質問のパターンを変えて何度も繰り返すと、自分なりのコミュニケーションスタイルが見つかります。

相手の心の中を知ることでコンピテンスが育つ

相手の知らなかった一面がわかることや気持ちを察することで、思いやりや相手のいいところを見る習慣が身につきます。

自分を知ると、自立・自己制御力が育つ

互いの頭の中を当てっこすると、自分の苦手なことをどう克服するか？得意なことをどう役立てるか？　と考えるきっかけになります。

基本の遊び方

1. 質問シートを見ながら質問し合う
2. その答えの結果や感想を言い合う

自立・自己制御力のポイント

自分を知る

自分が好きなこと、嫌いなことを知ると、自立・自己制御力が強化されます。たとえば、「お気に入りのキャラクターは？」と聞かれ、「アニメのヒーローが好き」と答えたなら、苦手なことをする際に、そのヒーローになったつもりで行なうとうまくいきます。
また苦手なものの共通点がわかれば、ストレスが減るかもしれません。白いご飯が苦手で混ぜご飯しか食べたくない子がいたなら、その気持ちを自ら伝え、その結果、親子の「わかった」が増えれば、家庭が和み快適な暮らしに役立つでしょう。成長過程の子どもは大人には理解できない一面もありますが、遊びながら理解を深めていけます。

コミュニケーションのポイント

親も答える

親子で会話するとき、子どもの話を一方的に聞くだけになっていませんか？コミュニケーションは「話す」と「聞く」がセット。親も積極的に自分の話をすることで、親や大人も一人の人間でいろいろな感情があることを子どもは理解します。よく聞くことで入ってくる情報量が何倍にも増え、情報を整理して考える力が驚くほどアップします。
139ページの質問シートには、子どもが興味を持って尋ねるシンプルな質問を入れています。笑ってしまうような問いも、お子さんの心を開くきっかけになります。親子で会話のキャッチボールを楽しみましょう。

話しかけるトレーニング

初めての場で友だちがつくれない子や、自分を表現するのが苦手な子は、単純に場数を踏んでいないだけ。性格や個性、才能は関係ありません。このゲームを通じて自分のことを発表していると、自己表現のハードルが下がり、ほかの人に質問することにも抵抗がなくなります。まず親や兄弟から始め、親戚や友だちなど、できるだけ多くの人に質問してみましょう。

発展

- いろいろな質問を考えてみよう

クイズ形式で楽しみながらコミュニケーション

＼英語で挑戦／

What is my favorite TV show?

私の好きなテレビ番組はなんでしょう?

What do I like to do for fun?

私は何をしているときが一番楽しいでしょうか?

What do I want to be when I grow up?

大きくなったら何になりたいでしょうか?

体験者の声

クイズ形式のトークで親の好奇心も刺激された!

「あなたがよく食べる料理がどんな食材でつくられたか知ってる?」の質問から派生して、食材の産地などをクイズ形式で話すようになりました。そのせいか、テーマのFoodからは外れますが、私もほかのもののつくられ方が気になりだしました。先日、風船屋さんでヘリウムガスが手に入らないという話をうかがい、調べてみたら、国内のヘリウムガスは輸入(主にカタール、アメリカから)していることを知るなど、自分の興味まで少し外に向いてきた気がします!

毎朝の「今日は何日?」で時間の概念が身についた

頭の中ではないのですが、毎朝、子どもに日付と曜日を聞くことにして1週間たったら、今は自分から「今日は何日?」と聞いてくるようになりました。カレンダーを見ることで数日先までのスケジュール確認もできるなど、次第に時間や曜日の感覚が身についてきたようです。

ママやおともだちにもきいてみよう!

あたまのなかをあてっこゲーム

Inside my head.

❶ わたしのおきにいりのキャラクターはなんでしょう?
What is my favorite character?

❷ なにをするのがすきでしょう?
What do I like to do for fun?

❸ おひるごはん(おべんとう)でなにをたべたいでしょう?
What do I like to eat for lunch?

❹ おきにいりのテレビばんぐみはなんでしょう?
What is my favorite TV show?

❺ しょうらいなにになりたいでしょう?
What do I want to be when I grow up?

❻ いまいちばんほしいものはなんでしょう?
What's something I really want right now?

❼ もしゆめがかなうなら、なにをおねがいしますか?
If I had only one wish that could come true, what would it be?

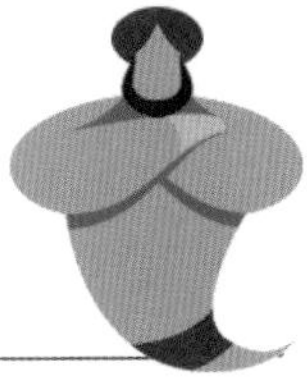

Feeling masterpiece!

見えないものを絵にしよう！

“自分の感覚や感情”という見えない世界を
アウトプットしてみよう

自分の感覚や感情をとらえ、アウトプットできるようにする遊びのプログラムです。目に見えない気持ちや、音、味、匂いなどを自分の感覚で表現する「工作」なので、正解はありません。平面でも立体でも思った通り表現しましょう。今回は子どもでも簡単にできるクラフトという手段をとりましたが、音楽、映像、身体表現など、その子がやりやすいアウトプット法があるので、さまざまなシーンでこの遊びを取り入れてみましょう。絵や工作で表現することが、言葉の表現にもつながります。

用意するもの

- 身の回りの材料なんでもＯＫ。折り紙、段ボール、アルミホイル、ストロー、ティッシュペーパー、お花紙、包装紙、お菓子の包み紙など
- 貼りつける用紙（画用紙など）

探究心	★★☆☆☆	巧緻性	★★★★☆	コミュニケーション力	★★☆☆☆
思考力	★★★★☆	自立・自己制御力	★★☆☆☆	コンピテンス（思いやり、社会的スキル）	★★★★☆
運動能力	☆☆☆☆☆	英語力	★☆☆☆☆		

身につく力

自分の感情をとらえ表現すると、観察力や思考力が育つ

感覚を研ぎ澄ませることで能力アップできます。

客観的に自分を見ると、自立・自己制御力のスキルが伸びる

客観的に自分をとらえることが、自己コントロールにもつながります。

相手の感情を知ることでコンピテンスが育つ

相手にも感情があることを理解すると、その人の気持ちを想像し、相手を思いやれるようになります。

さまざまな素材を使って見えないものを形にすることで巧緻性が育つ

コンサートや遊園地からかえってくると表現活動をしたがる子どもたち。心のままに表現して！

基本の遊び方

1 テーマを一つ決める
「悲しい」を表現しよう、「すっぱい」を表現しよう、など見えないものならOK。

2 身の回りの素材を使って表現していく

感性を伸ばすポイント

クッキー型ではない表現

日本の学校での工作のやり方は、決まった材料を使って先生がやり方を教え、手順通りにつくるので、できる作品はどれも同じになってしまいます。そのため「クッキー型」といわれます。個々に違う自分の気持ちを、家庭だからできるスタイルで表現してみましょう。

クレヨンなどでうまく形が描けない小さいお子さんこそ、トライしてほしい。大人も驚きの表現力を持っています

発展

- いろいろなテーマを考えてみよう

自立・自己制御力を伸ばすポイント

自分の気持ちをとらえる

「このトゲトゲした気分は、怒ってるということなんだ」とか、「暖かくてピンク色の感じは幸せって気持ちと一緒だ」とか。客観的に見て表現することで気持ちが整理され、自分をコントロールしやすくなります。「気持ちの見える化」は大人でも難しいチャレンジですが、素晴らしい体験になります。体験者の感想を聞くと、子どもはもちろん、親も「予想以上に楽しめた」とよく言われます。

探究心・思考力のポイント

見えないものを表現する

この世の中には目に見えないことがたくさんあり、あるものを使ってなんとか見えるように努力する過程で探究心が育ちます。また、特別なものではなく、身近なもので表現しようとすると思考力が伸ばせます。このように現存しないものを生み出す力は、まさにスティーブ・ジョブズやイーロン・マスクが、無から一般の人々が想像もしなかったようなものを生み出す力と重なります。家庭にあるもので新しく何かを生み出す経験を重ねていった先には、ノーベル賞が待っているかもしれません！

見えないものを絵にするときはクレヨンや絵の具だけでなく、いろいろな素材を使ってみることがポイント。感情を表現するのにちょうどいい材料に出合えるかな？

\ 英語で挑戦 /

I'm grumpy.　私、不機嫌なの。

Poke, poke!　突いて、突いて！

Rip, rip!　破いて、破いて！

Sprinkle …　（上からパラパラと）ちりばめて…

Crumple crumple, gently.　やさしくまるめてまるめて。

第5章

一日10分 おうち インターナショナルスクール生活で日常を学びに

料理、洗濯、風呂、掃除……etc.が
最高の授業に変わる！

日常生活も明るく楽しいおうちインターナショナルスクールに！

前章では、ＩＱ２００グローバルキッズを育てる「基本の遊び」を体験しました。

この章では、炊事、洗濯、片づけ……など、毎日の生活のなかでできる10分間の学びをご案内します。

小さいうちは、勉強をするよりもママにくっついてお手伝いしていれば、小学校低学年までに必要なすべての学びが身につくといわれるほど。

「お手伝いなどの経験をしている子のほうが大学進学率は高く、よい傾向が見られる」という文部科学省の追跡調査の結果からも実証されています（２０２２年に発表）。

なぜなら、年長者の動きや考え方をなぞることすべてが学びになり、生活の基礎力が飛躍的に伸びるからです。

お手伝い経験が豊富だと、支度や片づけが素早くでき、思考力も深まるなど、本当にメリットばかり。お手伝いこそ「ＩＱ２００グローバルキッズ」を育てる、と言っても過言ではありません。工夫次第で、キッチンも、リビングも、今いる場所が一瞬でグローバル教育の場となり、やればやるほどお子さんは伸びていきます。

子どもがやってみたいと言ったことは、子ども自身がある程度、自分でできると思っているとき。できなくても挑戦させてみたい

楽しくて仕方ない――このタイミングを逃さないで

8歳までは脳や神経、筋肉など、さまざまな部位が発達し、自分でできることが増え、お手伝いすることが探究や思考することそのもの、といえる年齢だからこその教育法です。

たとえば、わが家の道路前の落ち葉を掃くとき、腕の力がついてきている8歳ごろまでは、楽しい、やりたいと兄弟で竹ぼうきを取り合っていましたが、8歳を過ぎた今は、風圧で一気に落ち葉を飛ばす電動ブロワーを使うことの時短メリットを主張して、あっという間に作業を終えて帰ってきます。お手伝いそのものが無条件に楽しいと思える、発達時期にしかできない貴重な親子時間を、楽しみながら学びに変えてください。

それに、167ページで述べている拭き掃除とウエットティッシュの例では、わざわざお金をかけて学びの機会を減らし、便利グッズを使ってゴミを増やしていることに気づくでしょう。そのうえ巧緻性をアップさせようと知育玩具を買っている……。

実際、私もこういった現代の落とし穴にはいくつもはまっていることに、「IQ200グローバル教育メソッド」を通じて気づかされました。身の回りにあるもので工夫して生活する姿勢は、8歳までは何よりも貴重な学びになるはずです。

この章では、そんな家庭でのお手伝いや生活を通じて、おうちをインターナショナルスクールにする方法をお伝えします。学びのチャンスはいたるところにありますが、次の6つのシーンごとに見ていきます。

1　お料理の時間　2　お食事の時間　3　お洗濯の時間
4　お風呂の時間　5　お掃除の時間　6　おやすみ前の時間

まずは「おうちインターナショナルスクール」にする生活のルールを確認しましょう。

生活のルール❶　お手本を見せる

10分の学びを行なう前に、必ず子どもにお手本を見せてください。そして、必要なルールがあれば最初に説明してください。

生活経験が少ない子どもは、わからないことばかり。たとえば、以前、私の英語スクールで雑巾がけをしたとき、雑巾を水で濡らさず乾いたまま拭いた子が数名いました。このように大人が「えっ」と思うことも、実体験がない子どもはできなくてあたりまえ。それを笑ったり責めたりしてはダメ。子どもは大人が思っている以上にセンシティブで、「知らなかったの？　ダメな子ね」なんて言われたら、もうチャレンジしなくなります。始める前には必ずお手本を見せ、求められたら何度でも気持ちよくお手本を見せましょう。

生活のルール❷ ダメ出ししないで何度でも教える

お手本を見せてルールを教えても、子どもはできなかったり、忘れたりしてしまうこともよくあります。でも、「さっき言ったじゃない!」「なんでできないの!」などは禁句。できないのはお子さんの問題ではありません。一度で覚えられない量のことを親が要求したからです。次からはお手本やルールを手短にわかりやすく伝え直すなど、できるようになるまで何度でも繰り返しましょう。

生活のルール❸ 10分以内で区切る

前章の「遊びのルール」と同様、日常生活のなかでの学びも、最初のうちは5~10分間に限定して行なってください。子どもの集中力の持続時間は、「年齢プラス1分」が目安で、それ以上、長く集中するのは難しいからです。極意は普段の暮らしのなかで10分の学びを繰り返すことで、スパイラルのように8つの基礎能力を恒常的に伸ばします! 親子で「また明日もやろう!」とやる気をキープして明日を楽しみにすることが続くコツ。

生活のルール❹ 最後まできちんとやる

やると決めたことは最後まで完璧にやることを目指しましょう。遊びと違って、生活に必要な作業の場合もあるので、途中でやめたり、いい加減に終わらせたりすれば、生活に支障をきたすこともあります。無理なときは親が手伝いますが、家族というチームの一員だという自覚を持たせて親がやる間も一緒に最後までその場にいさせてください。

生活のルール⑤ できなかったら親がやってもよい

もし最後までできない場合は、10分ではこなせないボリュームだったと考えて内容を修正しましょう。もともと9割以上できることで、かつ10分間で完璧にできるボリュームを目指してください。もし、できなかったのなら、それは子どものせいではなく、作業の工程が多すぎるなど親の指示が十分でなかったからです。作業が10分を超えてしまった場合も、親が最後の工程まで見せながらやってあげましょう。

生活のルール⑥ ゆっくりでよい

最初は大人が10分でできることの3倍の時間をみておきましょう。

子どもはまだ手先や運動神経が育ちきっていないので、指先は〝大人が軍手をしているような感覚〟だと考えてください。だからこそのトレーニングで、慣れない作業は遅くてあたりまえ。それに頭をフル回転させて考えながらやるから時間がかかるのです。親はイライラするかもしれませんが、ずっと見ている必要はありません。基本的には子どもに任せ、わからないときに声をかけさせる程度で十分です。

生活のルール⑦ 感謝する・ほめる・リスペクトする

10分間の学びが終了したら、ほめたり、感謝したり、リスペクトしたりすることを忘れないでください。「お手伝いしてくれてありがとう」「ママも楽しかった！　一緒に遊んでくれてありがとう！」と、子どものコンピテンス（思いやり、社会的スキル）やコミュニケーションのお手本になるように気持ちを率直に伝えましょう。

遊びと違い、日々の生活のなかには、嫌だと思ってもやるべきことはたくさんあります。気持ちよく終えて次の回も楽しみにさせることが大事。自分が多少頑張らなくてはいけなくても、それが家族の役に立って喜ばれていることを実感できるよう伝えてください。

生活のルール❽　責任を持たせる

生活のなかの10分の学びは、家族という社会で最小単位のチームの一員として、どう考え、どう動くかのトレーニングでもあります。責任という言葉が難しければ、「リーダー」や「○○係」「○○の先生」と言い換えてもいいでしょう。「○○ちゃん、今日は洗濯物畳みのリーダーをお願いします！」と言えば、子どもは「自分は期待されている」と理解できるでしょう。たった10分でも、リーダーの自覚を持ってやることが基礎力の向上につながります。親はいい生徒になり、お子さんの指示に従ってくださいね。

以上のルールをふまえ、さっそくお子さんの8つの基礎力伸ばしに、いろいろな角度から取り組みましょう。

1

お料理

の時間をIQ200グローバル教育に変える！

**キッチンに入れないなんてもったいない！
かわいいコックさんに任せて！**

身につく力

- 料理で自己肯定感や自己有用感が高まり、自立・自己制御力が伸びる
  自分の食べたいものを自分でつくれるようになることが、自立への近道です。
- 料理の段取りやつくり方を考えることで思考力が養われる
- 料理にはさまざまな指先の動作が含まれ、巧緻性が伸びる
- 食べる人の立場に立って料理をつくることでコンピテンスが育つ
  家族の好みや食べたいものに合わせるなど、思いやりの心が養われます。

探究心	★★★	巧緻性	★★★	コミュニケーション力	★★
思考力	★★★★	自立・自己制御力	★★★★★	コンピテンス（思いやり、社会的スキル）	★★★
運動能力		英語力	★★★★		

毎日の食事の支度は、子育て中は面倒に感じるかもしれません。そのうえ、子どもに手伝わせたり任せたりすると、汚れるし時間もかかるので、キッチンに入れないという方もいるかもしれません。それも十分承知していますが、それでも30年後の子どものためを想うなら、お料理でIQ200グローバル教育に取り組んでほしいと思います。

お料理は、まさにすべてのグローバル基礎力が詰まった素晴らしい学習教材です。

毎日ではなくても、子どもがお料理できるようになると助かります。わが家では休日の朝食と昼食は子どもたちが食事をつくるルール。小さいころからインゲンの筋取りや魚の鱗《うろこ》取りなど、下ごしらえは子どもたちの仕事にしていました。私自身が働くママだったので、料理を手伝ってもらいながらその日あったことを話す10分間は、子どもたちの成長が感じられるかけがえのない時間でした。

火が心配な場合は
ホットプレートを
利用してみて

お料理を IQ200グローバル教育メソッドに変えるポイント

- 子どもが扱いやすい道具を揃える
- まずは10分以内にできる味噌汁、卵焼き、サラダ、パンケーキなどから挑戦
- 初めて料理をする場合は、下ごしらえや盛りつけ、配膳などの簡単なお手伝いから
- 目的は「一人で調理できるようになること」なので、難しすぎるものには挑戦しない
- 最初は調理するだけで疲れてしまう子もいます。脳も身体もフル回転するので、最後までできない場合は親が手伝うこと
- お手本を見せるときは、スローでゆっくり何度でも示すこと。続けるうちに多くを任せられるようになります

体験者の声

ご飯を炊くだけで興味は世界にまで広がった!

（Sさん40代　5歳男児3歳女児のワンオペママ）

子どもが料理に参加するとキッチンが大変なことになるので、今までさせてきませんでした。でもお米を研ぐことから一緒にやってみました。お米を量るのも「すりきり1杯」と「山盛り1杯」では違うことや、「玄米・胚芽米《はいがまい》・白米」など、お米の種類によってなぜ色が違うのか、産地を確認し、地図も使って説明しました。ご飯を炊くだけで、理科・社会・算数・国語すべての学びになり、試してよかったです。

そして先日、仕事が多忙で自宅でずっと作業をしていたら、息子が自分でご飯を炊いておにぎりをつくって部屋まで持ってきてくれたのです!　海苔もなくただ白くて丸いおにぎりでしたが、私が食事する時間もないことを心配してつくってくれたことに感激。あとでキッチンに行ったら、予想通りご飯があちこちについていましたが、息子にはいっぱい感謝を伝えました。

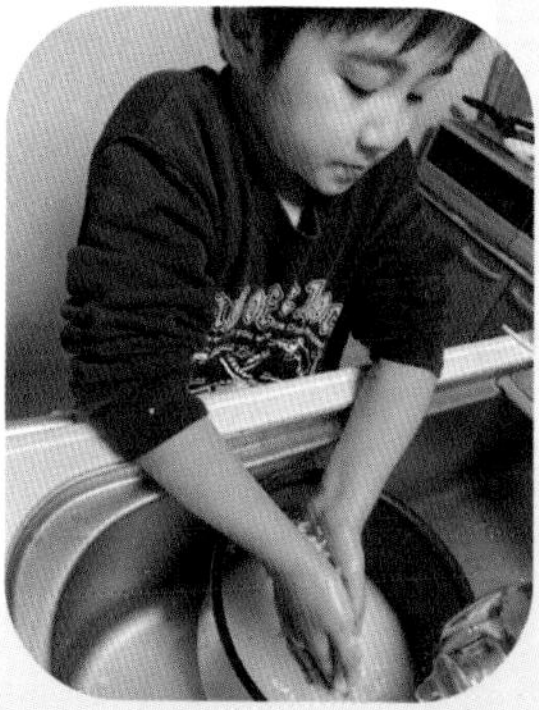

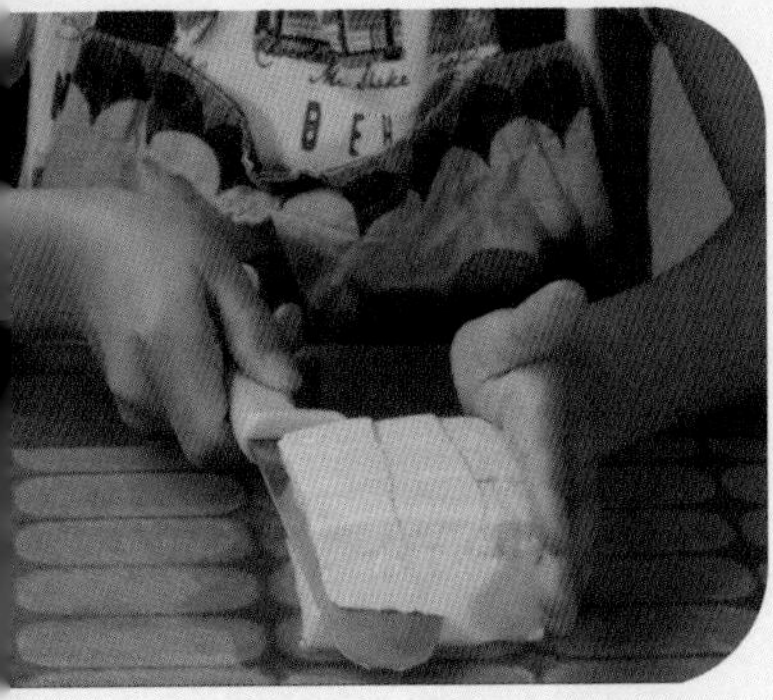

包丁が心配な場合は豆腐やバナナなど軟らかいものから始めてみて

発展

- 休日の昼食などを買い物から担当して料理をしてもらいましょう
- レシピや説明を読むことは、読解力や論理力などの思考力を鍛えます。親が口を出しすぎないよう見守ってください。レシピが載っている絵本もたくさんあって親も楽しめます
- 自分の食べたいものをつくってみよう。五感を使った楽しい挑戦になるはずです

\ 英語で挑戦 /

I'll need help with dinner.
夕食を手伝ってほしいんだけど。

Can you wash the rice?
お米を研いでくれる?

Measure 3 cups of rice.
3合、量って。

Can you put miso soup in the bowls?
お味噌汁をよそってくれる?

Too much. Too little.
多すぎるね。少なすぎるね。

Can you take this to the table?
これテーブルに運んでくれる?

子ども自身の好きなものや食べたいものをつくってみよう

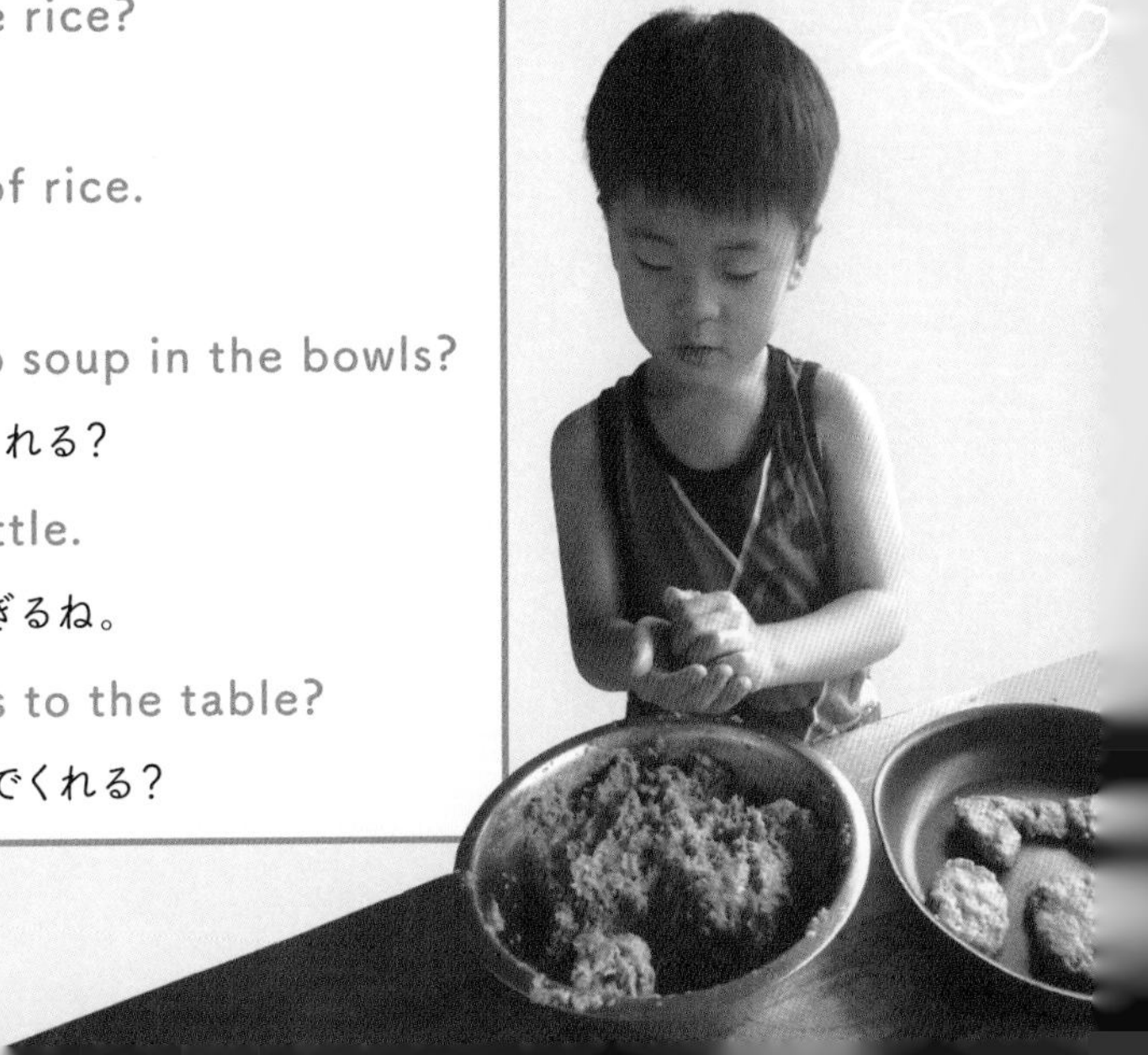

2

お食事

の時間をIQ200グローバル教育に変える！

世界中が尊敬する思いやりの気持ちは
毎日の食事の準備で育む

毎日の食事では、配膳や片づけを子どもと一緒に行なうことで、数の概念や量の概念などが身につけられるうえに、コンピテンスやコミュニケーション力も伸ばせます

身につく力

- 家族のぶんも配膳することで数や量の概念や思いやりの気持ちが身につく
- 季節の食べ物を意識することで社会通念などのコンピテンスが身につく
- 食事を五感で感じて食べることで感覚統合をする思考力が育つ
- 食事中の会話のルールやマナーを知ることで思いやりやコミュニケーション力が育つ
- 自分の食べたいものを考え伝えることで自立の意識が育つ

探究心	★★☆☆☆	巧緻性	★★★★★	コミュニケーション力	★★★★★
思考力	★★★★★	自立・自己制御力	★★★★☆	コンピテンス（思いやり、社会的スキル）	★★★★★
運動能力	★☆☆☆☆	英語力	★★★☆☆		

毎日の食事の時間を英語に変えるだけで、あっという間に「おうちインターナショナルスクール」に！　特に朝食タイムは時間が長すぎず比較的ルーティンワークが多いので、IQ200グローバル教育に変えることはおすすめです。

お食事の支度から片づけまで子ども扱いしないで、できることは、どんどんお手伝いしてもらいましょう。特に配膳では家族のお箸やお茶碗を用意し、食事を盛りつけるうちにいつのまにか数の概念や思いやりの気持ちなどが身につき理想的です。

たとえば、いちごを家族のお皿に配るときに、一人2個ずつ4人家族なら何個必要か？　など実感をともなった数の操作を多く経験することで算数脳が育ちますし、パパが今日忙しくてお昼を食べる時間がなかったという会話のあとでは、ご飯を大盛りによそうなど、毎日の生活にIQ200グローバル教育のスイッチが入ると、一歩進んだ行動ができるようになってきます。

ところで、普段の食事のメニューはどうやって決めていますか？欧米では、子どもでもいくつかの選択肢のなかから自分でメニューを選ぶことがあります。出されたものを食べることも大事ですが、自分の体調に合わせて食べたいものを考えて伝えることもまた、グローバル教育では必要なコミュニケーションです。

なお、食事中の会話やマナーが家族とうまくできなければ、外でもできません。子どもだからと、なんでもOKにせず、会話のキャッチボールや人の話を聞くことも学ぶチャンスです。

とはいえ、食事は楽しく美味しいことが第一優先。楽しく美味しい食事の時間が過ごせないなと思った場合はまだ早い。取り組むにはもう少し親自身のスキルが必要かもしれません。もう一度前章の「一日10分の遊び」に戻って生活を優先させてください。

食パンなどの切り方にも一工夫。図形が楽しく学べ、面白がってよく食べてくれます！

ご飯をよそうのもコンピテンスが必要。パパは大盛、弟は小盛など、配膳には思いやりの気持ちが必要

お食事を IQ200グローバル教育メソッドに 変えるポイント

- 配膳は段取り力と実際に行動する力が必要。まずは箸を並べたり、食器を運んだりするところから。ご飯や味噌汁をよそうことも、小さい子でもお手本を見せればできるようになります
- 数や量を意識して食事や配膳を行なうこと
- 毎日でなくても食事は出されて食べるのではなく、主体的に食べることに取り組む
- 食事の時間は小言は厳禁
- 食事中は栄養のことより、楽しく美味しく食べることに集中して
- 食べ物の好き嫌いはあって当然。好き嫌いをアウトプットできるようになったことも成長ととらえましょう

体験者の声

大好きなピザのカットをきっかけに算数的思考力が格段にアップ!

(Iさん　5歳男児のママ　ひとりっ子で手を出しすぎていました)

「IQ200グローバル教育メソッド」を知ってから算数に強い子になるよう、ケーキはもちろん、ピザをお店で食べるときも子どもに切らせています。最初は、なんとピザを短冊のようにカット!　これまで数や形のことなど考えず、自分のぶんだけ切って食べていたからでしょう。それでも何回か切らせているうちに変化があり、ほかの人にも「食べる?」と聞いてくれるようになりました。ピグマリオン先生が言っていた通り、ほかの人のことが見えるようになってきたのでしょう。

唐揚げや餃子なども、あらかじめ一人ぶんずつ皿に取り分けて配膳するのをやめ、子どもを取り分ける係にしました。これもうまくいき、3回目にはバランスよく盛りつけられるようになり、おまけにフードロスのことも言いだしたのには驚きました!　なんでも親がやるのはよくなかったんですね。

食器洗いもどんどんやってみよう。最初はお皿3枚などから。地道に続ければ丸ごと全部任せられるようになります

必須の食事

食事については、白砂糖や添加物、冷たいものは、たまにはいいのですが、なるべく控えるほうがいいことなど、子どもの食の基本を知っていると成長や発達がまったく違ってきます。
おすすめは、やはりご飯と味噌汁を中心にした和食で、必須アミノ酸がすべて入った味噌は腸内細菌のバランスを整え、精神も落ち着かせるスーパーフード。脳の成長にもよい影響があります。多忙なら、ごはんに味噌をのせるだけ、味噌をお湯で溶いて添えるだけでもとることをおすすめします。

英語で挑戦

Do you want rice or bread?
パンがいい？　ごはんがいい？

Come here and eat.
こっちにきて食べて。

Here's your natto.
はい、納豆。

How do you want your eggs?
卵はどうしたい？

What do you wanna drink?
何飲みたい？

How about some apple?
りんごはどう？

Bring your dishes over here.
お皿をこっちに持ってきて。

発展

- 配膳をすべて一人でやってみよう
- 気になった食べ物については図鑑などで調べてみよう
- 食事のときにふさわしい会話について話してみよう

3

お洗濯

の時間をIQ200グローバル教育に変える！

小学校入試でもよく出題される思考力&生活力に直結！

「洗う」から「しまう」まで、どの工程も思考力を伸ばします！

身につく力

- 図形を分割したり等分したりすることで算数的思考力が身につく
  洗濯物を畳むときは衣類の形を確認し、畳み終わったときに同じサイズの衣類が揃うように工夫するため、図形を扱う学びになります。
- 衣類の仲間分けをするので論理的思考力が身につく
  「これはパパの服、こっちはママ」など、仲間分けの発想で衣類を分けるほか、キッチンで使うもの、お風呂場で使うものなど、用途でも分類することで考える力が備わります。
- 衣類を畳む順番や方法を考えるので思考力が養われる
- 家族の衣類を畳むことでコンピテンスの練習になる
  「家族が使いやすいように」と考えて作業すると思いやりの心が育ちます。

探究心	★★★★★	巧緻性	★★★★★	コミュニケーション力	★☆☆☆☆
思考力	★★★★☆	自立・自己制御力	★★★★☆	コンピテンス（思いやり、社会的スキル）	★★★★★
運動能力	★★★☆☆	英語力	★★☆☆☆		

毎日の生活に欠かせない洗濯の作業工程は、
いくつかに分けられます。
①洗濯物を洗濯機に入れて洗う／手洗いする
②洗いあがった洗濯物を干す
③乾いた洗濯物を取り込む
④洗濯物を畳む
⑤洗濯物をタンスなどにしまう
どの工程も思考力・巧緻性・コンピテンスが育ち、生活経験も積むことができる素晴らしいお手伝いです。最初は「④洗濯物を畳む」から、特にタオルやハンカチなど小ぶりで形の単純なものから始めるとやりやすいでしょう。最終的には大きなパパの衣類も工夫して畳めるようになるといいですね。

洗濯物を干すことは、小学校入試でもよく出題される、思考力と生活力と巧緻性が試される問題です。タオルを干すときは、洗濯ばさみでどこを留めるとよいか？　太陽や風の様子を見ながら、大きなものと小さなものを分け、効率的に洗濯物を干すことは思考力が必要な作業です。わが家ではヨチヨチ歩くようになると、靴下やタオルを干す人に渡すといった洗濯物干しの共同作業に参加させていました。

兄弟で協力して行なう場合は、どちらかがリーダーになると効率的なことも経験から学べます。洗濯物を取り込むときはよく長男の提案で、私と子ども3人でバケツリレーのようにして、乾いた衣類を渡していったことも可愛い思い出です。

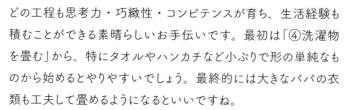

お洗濯物を IQ200グローバル教育メソッドに変えるポイント

- さまざまな衣類で必ずお手本を見せてからお願いする。ただし、どんな畳み方でもOKという場合は任せてかまわない
- やり方がわからなくなったり、以前はできたけれど手順を忘れてしまったりしたら、わかるまで何度でも教える
- 「まず3枚畳んでみよう」など、負担の少ないことから始めて。大人が畳み直す必要がないよう、3枚だけでもしっかり畳むことが大事。できていなければ納得のいくところまで一緒にやり直しを

体験者の声

（3歳女児のママ）

洗濯機のボタンを押すのは簡単で楽しいですね。洗濯機や洗濯かごに洗濯物を投げ入れるゲームにしたり、洗剤を入れてもらったり、「入れる」は小さい子も安全に取り組みやすかったです。干すのは洗濯ばさみが使えるようになると楽しくなります。親がちゃんと感謝の言葉を伝えることは忘れてはいけないポイントだと実感。家事は親がするもので子どもはやらなくていいと思ったまま大人になってしまったら、集団生活の際や親になったときに大変でしょう。小さいうちからお手伝いしてもらうことは本当によい教育だと思います。

英語で挑戦

Please help me.　手伝って。

OK, mom.　いいよ。

Put your dirty clothes in the basket.
汚れた服はかごに入れてちょうだい。

Can you hang up the laundry?　洗濯物を干してくれる？

Can you fold the clothes?　洗濯物を畳んでくれる？

発展

- 159ページの①②③⑤の項目にも挑戦してみよう
- ①は家庭のルールに合わせて「色物と白物を分ける、ネットに入れる」など、最初は親がお手本を示しながら一緒に行なう。また、洗濯表示を見て「水洗いなのか？　柔軟剤を入れるのか？」も説明すれば、観察力、判断力、思考力がともに育つ
- 洗濯物を干したり取り込んだりすると、天気に興味を持つ子どもが多い。天気予報や温度・湿度の関係にも興味を持つと、理科的思考力が育つ
- 家族の洗濯物をしまうことで、自分以外の人が使いやすいように配慮することを学び、コンピテンスがアップ

体験者の声

（4歳男児のママ）

まだお手伝いは難しいと思っていたけれど洗濯物を渡すことならできそう、と手伝ってもらうことにしました。ママに渡すだけじゃなくて洗濯もの干しもやってみたいというので、やってもらったらうまくできたので驚き。こんなに楽しそうにやるとは。子どもはお手伝いが嫌いかと思っていたので意外でした！

4 お風呂

の時間をIQ200グローバル教育に変える!

お風呂が実験室やアトリエに。
グローバル知育の第一歩はここから

お風呂は実験室!?　いろいろなものをお風呂に持ち込んで実験。
ペットボトルや紙皿などのゴミをリサイクルして水に浮かぶ乗り物を考えてみたよ

身につく力

- 洗う部位に合わせて身体の名称や機能を確認
- お風呂の定番、肩までつかって数を数えることで算数的思考力が育つ
- 水を使ったさまざまな実験で探究心や思考力が育つ
- 自分で身体や髪を洗うことで巧緻性と自主性が育つ
- その日あったことを話したりすることでコミュニケーション力が身につく

探究心	★★★★★	巧緻性	★	コミュニケーション力	★★★
思考力	★★★★★	自立・自己制御力	★★★★	コンピテンス（思いやり、社会的スキル）	★
運動能力	★	英語力	★★★★		

日常の生活での「おうちインターナショナルスクール」のファーストステップとして一番のおすすめは、実はお風呂の時間。時間が限られていて、ルーティンの行動も多く、身体のパーツはもちろんのこと、お風呂遊びで数も文字も覚えられます。わが家でも、なんでもお風呂に持ち込み、浴室は実験室だったり教室だったりアトリエだったりして、毎日が楽しいお風呂タイムでした。特に水を使った遊びは探究心も思考力も伸ばしてくれます。〝水に浮くか沈むかの実験〟では、家中のものを持ち込んで実際に試してみる「IQ200グローバル教育」を実践中の子が続出。わが家でもおもちゃを持ち込んで浮き沈みの実験をしていました。

お風呂ではテレビや電話に邪魔されないで集中できることも、おうちインターナショナルスクールにしやすい要因です。せっかく集中できる時間なので、湯気で曇った鏡やガラスに指で文字を書いたり、図形の分割遊びをしたり、少しハードルが高いことに挑戦したりしても大丈夫。事前に準備して短い集中力をどのようにサポートするか考えてみてください。

なお、水をすくって顔を洗う、自分で泡立てて髪を洗うなど、入浴は意外と高度な手先の巧緻性が要求されます。小さな動きでも、8つのグローバル基礎力を意識して行なうことで、学びが何倍にも深まります。

体験者の声

お風呂時間に、タオルで遊ぶ息子を応援したくなった

息子が湯船のなかでタオルを広げたりグチャグチャにしたりして遊んでいる様子を見て「これはチャンス」と思いました。「Let's fold this towel in half.」と何度も繰り返し、一緒に小さく畳んでみました。日常生活はすべて学びの場になるんですね。

冬至の日にはゆず湯、子どもの日には菖蒲湯など取り入れて

お風呂を IQ200グローバル教育メソッドに変えるポイント

- 事前にお風呂で行なう内容を決めておく
  - たとえば、動物の名前集めゲーム（いわゆる「山の手線ゲーム」）で、順番に動物の名前を言っていく。これは英語でも日本語でも楽しめます！
  - たとえば、英語や日本語でスキンシップして洗い合いながら身体の部位の名前を確認する。意外と名前を知らない部位がたくさん!?
  - たとえば、スーパーボールを持ち込んで数を数える。順唱（1から数を増やしていく）ができたら英語や日本語で逆唱（逆から数える）もやってみましょう
- お風呂に入る手順や身体を洗う順番は、できるだけ同じことを同じ順番で毎日行なって、子どもが自分でできることを少しずつ増やしていきます。その際に耳の後ろの石鹸は流してね。（Rinse off the foam behind your ears.）などと具体的なチェックポイントを伝えると、一人でお風呂に入ることにもOKを出せるようになります
- 一度にたくさんのことをしない。数、実験、お絵かきなど一日一つが定着のポイント。時間があるとたくさんのことをしたくなりますが、のぼせてしまいますし、短く一つのことをするほうが親子ともに長く楽しく続けられます

発展

- 数遊び。数の逆唱にも挑戦してみよう
- 水が蒸気になり、冷えるとまた水に戻る状態変化を観察しよう。お風呂のタイルやガラスには拭いても拭いても水滴ができます。その様子を観察し、なぜ水滴ができるのか？考えてみるのもいいですね
- お風呂から出たあと、風呂場や洗面所が汚れていないか確認してみよう。次の人が風呂場を使うときに汚れていたり散らかっていたりしたらどう思うかな？石鹸やシャンプーのボトル、お風呂椅子は所定の場所に戻しているかな？

ボディーソープでお風呂を泡だらけに。いたずらも子どもの研究!?

一人でお風呂に入れるようになったら自立・自己制御の力が育った証拠

英語で挑戦

Bath time!　お風呂の時間だよ！

OK, get in now.　はい、湯船に入ろう。

you wanna put in some bath salts?
入浴剤入れる？

Let's mix it.　かき混ぜよう。

Do you think it'll float?
これ水に浮くと思う？

Scoop some water up.　お水をすくって。

Can you wash your hair by yourself?
自分で頭を洗える？

Let's get out now.　はい、出るよ。

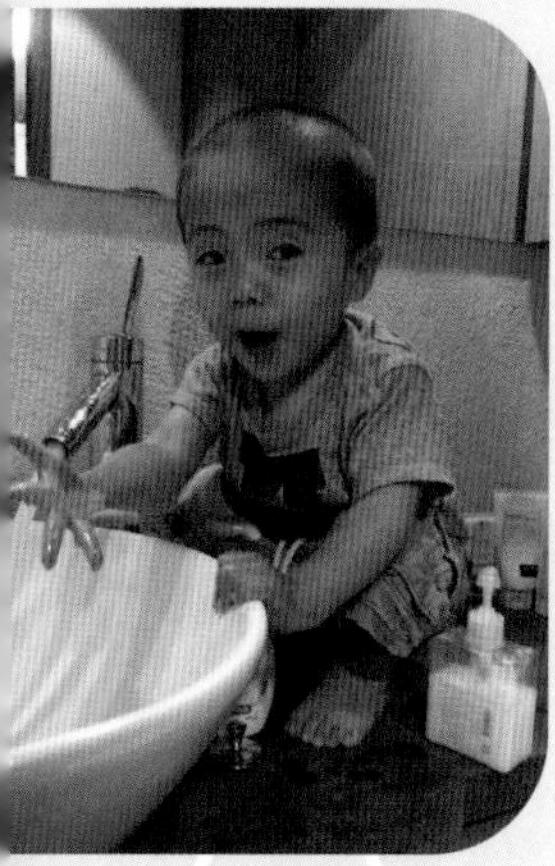

お風呂よりハードルが下がるのは手洗を英語にすること！
Wash, wash, wash!

体験者の声

（7歳女児、5歳男児のママ）

おうち英語を始めやすいのはお風呂の時間だとピグマリオン先生に教えてもらい、お風呂で2分ほどWhat's this? と身体の名前を言い合い、What did you eat for lunch?　などと聞いています。（だいたい答えはriceですが笑）。英語教室には通っていませんが、私の適当な英語でも毎日聞いている弟は、英語教室に通っている上の子よりもたくさんしゃべれます。今では「English time!」と言ってお風呂に入っていきます。

5

お掃除

の時間をIQ200グローバル教育に変える！

掃除用具に興味津々。探究心をくすぐるアイテムがいっぱい！

自分の生活する場所を清潔に美しく。汚れていたら自主的に清掃する。
そんな概念を小さなころから持てるといいですね

身につく力

- さまざまな掃除の動きで巧緻性が育つ
- 掃除を行なうことで衛生観念などコンピテンスが身につく
- 家族の役に立つことで自己肯定感が高まる
- 自分で掃除を行なうことで自己肯定感や自立心が伸びる

探究心	★★★★★	巧緻性	★★★★★	コミュニケーション力	★★★
思考力	★★★★★	自立･自己制御力	★★★★	コンピテンス（思いやり、社会的スキル）	★★★★
運動能力	★★★★	英語力	★★★		

お掃除にも「片づけ」から「掃き掃除」「拭き掃除」「整理整頓」などさまざまあります。ウエットティッシュが普及し、家庭では雑巾による拭き掃除が減っている昨今ですが、小学校入試では、雑巾やおしぼりの扱いがよく出題されます。家庭で食後にテーブルを拭く場合、ウエットティッシュを使うのと布巾を使うのとでは、どちらが思考力や巧緻性を伸ばすか、おわかりになるでしょう。

また、手ぼうきを使ったことがありますか？　机の上の工作に使った紙の切れ端や消しゴムのカスなどは、100円ショップで売っている小さな手ぼうきで十分に掃除できます。

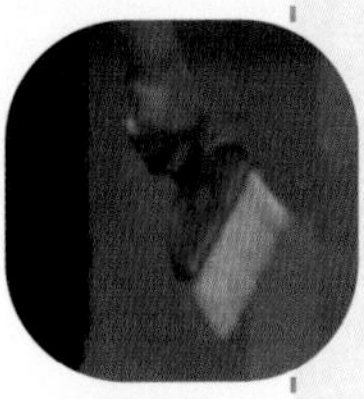

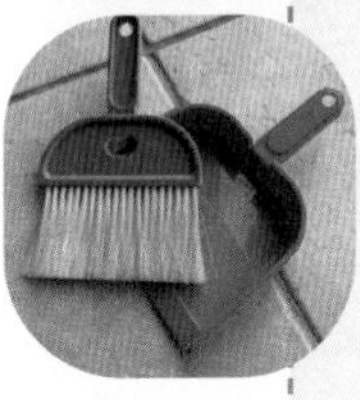

100円ショップで購入した手ぼうき

「IQ200グローバル教育メソッド」を始めるなら、一つお子さん専用に手ぼうきをプレゼントしてあげ、遊んだあとは机の上や床のゴミを手ぼうきで掃いてゴミ箱に入れることを義務づけましょう。

子どもは手ぼうきや、ハタキ、モップ、粘着カーペットクリーナーなどの掃除用具に興味津々。最初が肝心ですから使い方を丁寧に教えてあげてください。

なお、論理力を育てるためには「整理整頓」のうち、特に仲間分けできる力は大事です。この能力は、算数のほか、社会や理科にも通じる思考の基礎概念なので、繰り返し行なってしっかりと身につけてほしい力です。

文具は引き出し、絵本は本棚、おもちゃはおもちゃ箱へ、という分類を**上位概念**（120ページ参照）とした場合、文具だけでも**下位概念**として、書くもの（鉛筆やクレヨン）、貼るもの（ノリやテープ）、切るもの（ハサミやカッター）などに分けられます。整理整頓をする際は、親が仲間分けという概念を意識してするかどうかで、学びになるかならないか、大きな差が出ます。お片づけをしたのに、すべて一緒くたにおもちゃ箱に入れただけでは、仲間分けの思考力は育っていないということ。小さな積み重ねが大きな差を生むことをご理解ください。

絵本やおもちゃの片づけは
仲間分けの力が身につく！

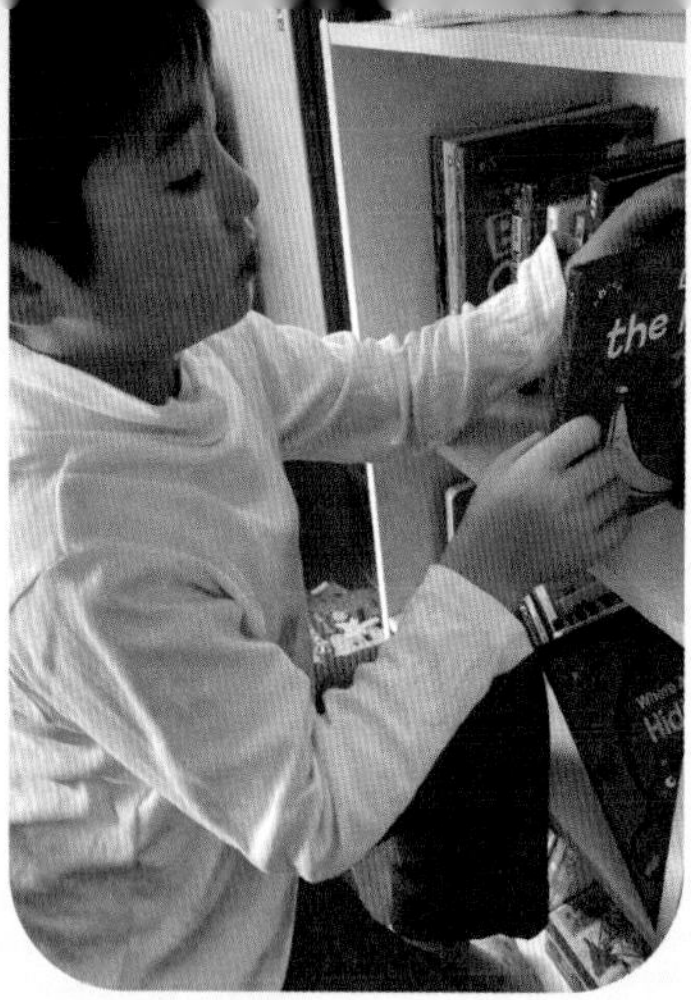

兄弟で分担して片づけができるとチーム力がアップ！

お掃除を IQ200グローバル教育メソッドに変えるポイント

- 掃除の工程で複雑な動きのものは、一つひとつ工程を分解してできることを行なう
- さまざまな掃除道具が、どのような役目をするか考えて使用する
- 掃除できれいになったら、どんな気持ちかを伝え合う

発展

- 掃除をすることで、どんないいことがあるか考えてみる

掃除にはいろいろな工程があるね。一つずつ手順を確認しながら親子でやってみよう！

\ 英語で挑戦 /

Could you please clean the toilet?
お願い、トイレ掃除をしてもらえないかな？
Can you take out the garbage?
ゴミを出してこられる？
You've got 3 minutes to get it all cleaned up!
今から3分間で全部片づけるわよ！
Good job!　よくできたね！

6 おやすみ前の時間をIQ200グローバル教育に変える!

ほっとする小さな時間が素敵な明日への橋渡しになる

身につく力

- 読んだ絵本について内容を答えて要約することで思考力が育つ
- 読んだ本の続きを考え、お話づくりをすることで想像力が育つ
- 布団の気持ちよさやスキンシップの温かさに触れることで感覚統合の能力が育つ
- 自分が大事にされていることを実感できることで自己肯定感や自己有用感が伸びる
- 幸せな気持ちで眠りにつくことで脳のパフォーマンスが上がる

探究心	★★★★☆	巧緻性	☆☆☆☆☆	コミュニケーション力	★★★☆☆
思考力	★★★★★	自立・自己制御力	★★★★★	コンピテンス（思いやり、社会的スキル）	★★★☆☆
運動能力	☆☆☆☆☆	英語力	★★★★★		

おやすみ前を IQ200グローバル教育メソッドに変えるポイント

- 早めに寝る準備をして照明を落とし、布団のなかでゆったりした気持ちで取り組む
- 夜は子どもの気持ちも高ぶっていることが多いので、用意したことよりも、子どものやりたいことや気持ちを優先
- 一日の最後に幸せな気持ちで眠りにつけるよう、心身ともにゆるめてあげて

発展

- 絵本のなかから文字や単語を探す遊びで文字の知識も身につけよう
- 懐中電灯を持って布団のなかで遊んでみよう。光と影の仕組みがわかるよ
- 絵本を見せないで、リスニングだけで内容の当てっこや要約に挑戦
- 絵本の続きを考えてみよう

英語で挑戦

It's almost time to sleep.　そろそろ寝る時間だよ。

Which book shall we read tonight?
今日はどの本を読もうか？

What does this say?　これなんて書いてある？

Can you find the koala on this page?
このページでコアラは見つかるかな？

You had a wonderful day today, didn't you?
今日もいい日だったね？

Good night, sweetie.　おやすみなさい。

一人で寝かせないと自立しない？

海外の子育てと日本の子育てで大きく異なる習慣に、小さな子どもを一人で寝かせるという文化があります。これには民族の違いが関係しているようで、主に狩猟で生活していた欧米では、子どもは早くから親と離れ、ベビーシッターの役割を担った大人と多くの時間を過ごしていたようです。

一方、農耕民族だったアジア地域では、農作業をする間、母親のおんぶやだっこで肌と肌を密着させて安心感を得る育児法が中心でした。その延長線上に日本の添い寝や母乳での育児があり、穏やかな気持ちを持った民族として、文化を形成してきたのです。

では、個々に違う子どもの能力開発に適したやり方はどうすればよいのでしょうか？　一人寝や卒乳などは、子どもがそう望んだときが始めるタイミングだと考えます。

子どもが添い寝をしたがる時期は、母親も子どもに触れることでオキシトシンが分泌するなどホルモンバランスを整える時期（179ページ参照）、日本式育児には、経験則を生かした素晴らしい面があります。この機会に見直してみてください。

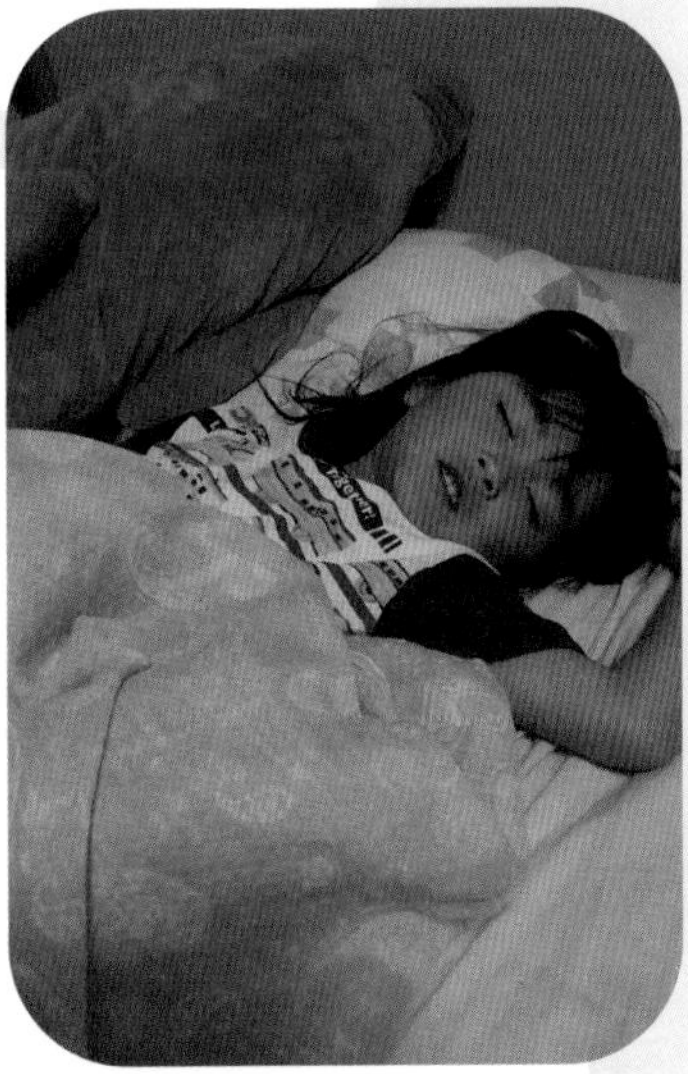

何時間、眠ればいい？

睡眠は、深い眠りと浅い眠りの2つの波のリズムを繰り返すことで質がよくなり、子どもは10時間は眠るのが理想。深い眠りは記憶を定着させ、浅い眠りは心を安定させて思考力や探究心を高める効果があるといいます。そこで、わが家では何をおいても睡眠を最優先させ、20時には寝かせていました。すると18時には夕食を終えている必要があり慌ただしいのですが、幼児期だけでも優先したいことです。8歳までは100パーセント親の責任です。お子さんが心身ともに健全でいられるよう、質のよい食事や睡眠を率先して準備してあげてください。

睡眠にまつわるコラム

よい睡眠をとって翌朝すっきりと目覚めるためには、寝る前の時間の使い方が大事です。8歳までの睡眠は、心身ともに著しい発達を促す貴重な時間です。幸せな気持ちで安心して寝られるような生活を優先したうえで、おやすみ前の時間を小さな学びの時間にできたら理想的です。

時間があっても寝る前の時間は照明を煌々《こうこう》とつけて脳を興奮させるような学習をすることは絶対にやめてください。室内の照明を落として布団に入り、リラックスした状態で睡眠に向かう過程で、ゆるくできる遊びを選んでください。

おやすみ前の時間は、家庭での過ごし方もさまざま。寝る前のルーティンでは絵本を読むことが多いかもしれません。絵本はできるだけ子ども自身に選ばせるようにし、主体的に行動するくせをつけていきましょう。読み聞かせも、ただ一方的に聞かせるのではなく、「インタラクティブリーディング（対話型リーディング）」に挑戦してみましょう。登場人物は誰だったのか？　何をしたのか？などと読み終わったあとに質問してみてください。絵本の内容が要約できるようになるとベターですね。

絵本のほかに、音楽を聴いたり、その日にあったことを話したり。わが家ではお話づくりも大人気の寝る前の遊びでした。川の字になって一人一文ずつお話をつくって次の人につなげていきます。話が壮大になりすぎて終わらなくなったり、子どもの奇抜で無垢《むく》な発想に感動したり。子育てが終わった今となっては貴重で濃密な時間でした。

ストレッチやマッサージなどによるスキンシップもおすすめです。親が疲れている場合は、布団にうつ伏せに寝てマッサージ代わりに子どもに背中や脚を踏んでもらいましょう。親の身体を踏むことは意外と難しく、実は格好の体幹トレーニングなのです。1分間踏んでとか、100回踏んでと、時間や数を学びながら行なったり、相手の身体に触る強さや触れ方は、取っ組み合いのけんかをすることが難しくなっている昨今、身体を使ったコミュニケーションの基本を学ぶ数少ない機会です。

少し時間が早いときは、影遊びも探究心を満足させる遊びとなりました。手で動物の影をつくったり、照明ランプに手を近づけると影が大きくなったり小さくなったり。光と影は小学校の理科の学習ですが、事前に光と影の不思議を存分に体感できたことが、子どもの理科好きに拍車をかけたようです。

応用編1

支度を自分でやらせたら、みるみるできる子に！

（Aさん30代　4歳男児、0歳女児のママ　育休中）

今まで幼稚園に行く支度は全部私がやっていましたが、下の子も産まれて精いっぱいだったこともあり、息子ができることは自分でしてもらうようにしました。

すると意外とできることが多く、幼稚園の支度も、「水筒、タオル、連絡帳……」とつぶやきながら 自分で園バッグに入れるようになり、帰宅後には幼稚園からのプリントと水筒をバッグから出して渡してくれるようになりました。また、幼稚園に行く時間がわかるよう息子の時計にシールを貼ったら、出発時間までにちゃんと準備ができるようになり大変驚いています。責任を負わせるのが可哀いそうだと思っていましたが、逆なんですね。

文字の大きさくらいの大きなシールを目安の時間に貼る。この場合、「35分になったら家を出る準備を始めようね。45分になったら出発ね」という意味

日々の支度ができるようになったら、一人でキャンプやスキーに参加できるようにもなる！

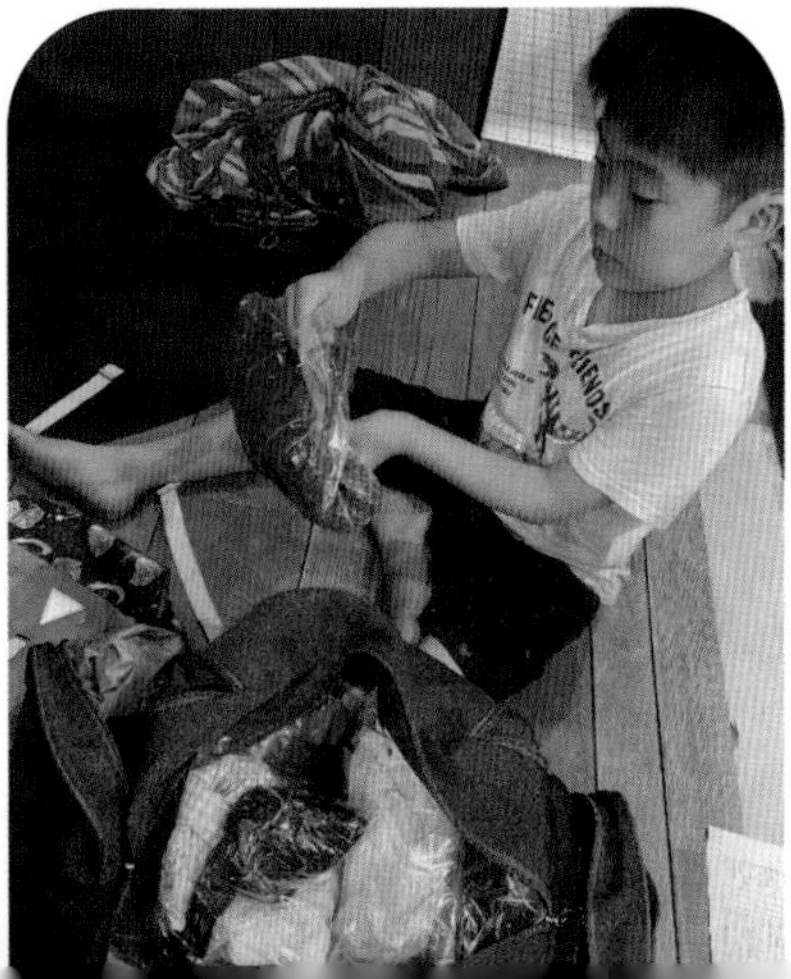

応用編2

お店屋さんごっこのようなミニフリマで、気分もスッキリ

（Sさん40代 4歳女児さっちゃんのママ）


子どものフリマを娘とやってみたいと、ピグマリオン先生に相談したうえで、まずは家の前でお店屋さんごっこのような小さいフリマを試してみました。子どもの使わなくなったおもちゃや絵本、靴などを並べ、値段は子どもにつけさせてシールを貼りました。「絵本2円」などと書いていましたが、口を出さずにいました。

そして当日。「日曜日の10時にやる」と幼稚園の友だち数名に伝えていたところ、遊びに来てくれました。あるママ友が「絵本2円は安すぎるから、定価の値段の10分の1くらいはどう?」と提案してくれたので、本の裏の定価を見ると700円でした。結局、子どもには10分の1はわからなかったようで、「半分の半分は?」と聞かれたので「それでいいよ」と売っていました。

大きいフリマに出していたらできない経験で、ピグマリオン先生に小さく何回もやったらいいと言われた意味がわかりました。今まで娘はおもちゃや洋服を捨てるのを嫌がって泣くこともありましたが、「またやりたい!」と気に入った様子なので、スッキリ暮らせそうです。

応用編3

初めてのキャンプ体験に、子どもも夫も大満足

（Yさん30代　6歳と3歳男児のママ　とも働きです！）

「IQ200グローバル教育メソッド」で自然体験がよいと言われ、家族でキャンプに初挑戦。道具がすべて揃ったところに行きました。初めてのキャンプは刺激がいっぱい。いつもゲームばかりやっている子どもたちが焚火《たきび》に興味を示し、ずっと薪《まき》をくべたり、ご飯を一緒につくったり、能力が伸びるポイント満載で、私たちのような共働きの夫婦にもよいやり方だと思いました。それ以降、夫がキャンプにはまってテントも購入。男の子2人兄弟と夫が一緒にテントを張る様子を見て、「これは空間認識能力の刺激になるな」と気づきました。休日を利用して続けたいです。

応用編4

Peas hunting!（えんどう豆集め!）

（Nさん40代　7歳と4歳男児のママ　グローバル知育実践中!）

Counting lesson for 6 years old.

（6歳児のための、数を数える練習）

Amaizing to see over 540!

（540個以上もの眺めに驚き!）

春の味覚、えんどう豆の収穫をしました。

年々手際がよくなるBoys、成長だなあ～。

今年は花のつき方なども観察。

カウントの練習と、数を視覚化したくて、二男と一緒に、とったえんどう豆をぜ――んぶ並べてみました。

結果、540個!

彼は1～200までカウントしたあたりで疲れたようです。そこで「10個ずつのまとまりにすると数えるのがラクだよ」と言って10個ずつの塊にして数える練習もやってみました。

500って、こんなにいっぱい!　という感覚を肌で感じてくれたかな?

さて、これからえんどう豆三昧です 😊

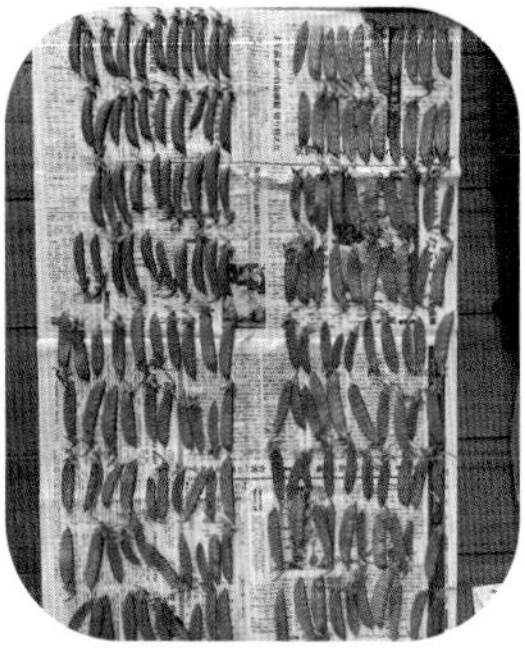

収穫した野菜を並べながら数えてみる。並べる作業をすることで5や10のまとまりで考えることが自然に身つく

第6章

IQ200 グローバルキッズのママたちの顔

雰囲気、考え方、口ぐせ……etc.
ママを見ればここまでわかる！

なぜパパではなくママなのか

本書の「はじめに」で、「IQ200グローバル教育メソッド」の3ステップについて簡単にご説明しました。

ステップ1は、本書の第2章と第6章を読んで、お母さんが変わる。そして、ステップ2で一日10分、子どもと楽しく遊び、ステップ3で一日10分、日常生活を楽しむというものでしたね。ここで、なぜママばかり頑張らなければいけないのか、と疑問に思う方もいるでしょう。そんな疑問を持たれた方に対し、これからの時代に立派に適応できる子を育てられるのがママである理由を、脳科学の観点からお伝えします。

残念なことですが、これからの時代は気候変動などで自然災害が頻発し、未知のウイルスや新しい科学技術などにより、ストレスや不安の多い時代になることは、ここ5年の社会の変化を見ても予想できると思います。そんな時代に必要な能力は、ストレスコントロール力や折れない心。それが十分に備わっていると、不安やストレスに関係する脳の扁桃体の暴走をくい止めて過剰に不安になることなく、不安定な世の中でも子どもは穏やかに幸せに暮らすことができます。そして実はその能力は、お金も時間もかけずに発達させるこ

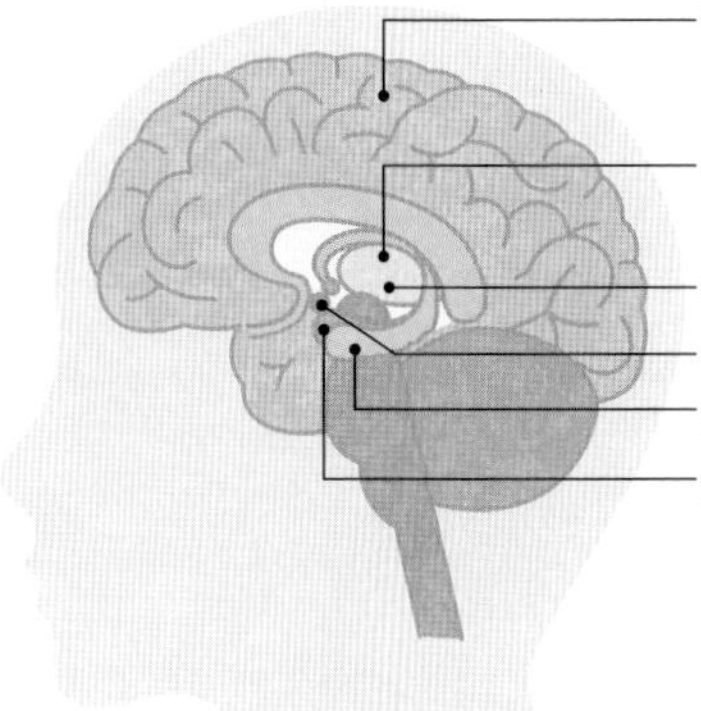

とができるのです。

都立駒込病院脳神経外科部長の篠浦伸禎《しのうらのぶさだ》氏は、脳の視床下部《ししょうかぶ》の働きについて、『脳から見た日本精神　ボケない脳をつくるためにできること』（かざひの文庫）の中で、次のような主旨の説明をされています。

「脳の視床下部は、ストレスに対応してホルモンを出したり、自律神経を調節したりする大元の部位であり、子どもの視床下部の機能を上げるには、母親が子どもと向き合って愛情を注ぐ、つまり子どもをよく見て、うまくいったら気絶するくらいほめて抱きしめることが効果的です」

視床下部は幸せホルモンともいわれるオキシトシンの分泌に関わる部位としても知られています。子どもに母乳をあげたり触れ合ったりすると、母子双方にオキシトシンが分泌されます。すると**子は成長が促されます**。母親のほうは幸福感が増して肌ツヤもよくなるのでオキシトシンが分泌されている感覚がわかる方も多いと思います。実際、オキシトシンは肌や筋肉の抗炎症や再生作用があることでも知られ、アンチエイジングの面でも注目されています。オキシトシンはほめたり愛情を向けたりするだけでも分

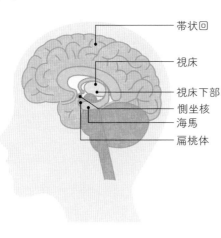

泌されますので、どうしてもママでなければダメというわけではなく、同じように愛情をあふれさせ、気絶するくらいほめて抱きしめることができれば、パパでも問題ありません。

ただ、一般的には、このようなことはママのほうが得意なご家庭が多いのではないでしょうか？　子どもと楽しく触れ合うだけで子どもの脳や身心がよく育ち、ママはキレイになる――これは女性の〝役得〟かなと思っています。

天才児の親たちが呼吸をするかのように自然に実践しているルール

さて、いよいよステップ1の「お母さんが変わる」について、いったいどう変わればいいのかを、お伝えします。

その内容は、次のとっておきの「8つの魔法の言葉」に集約されています。

この魔法の言葉は、どのご家庭でも、日々の子育てのなかで「常に意識」し、「常に実践」してほしい内容です。お子さんに何か声をかけるときや、一日10分の遊びを始める前に、これらの言葉を思い出してください。最初はできなくても少しずつ声かけや行動が変わってくるはずです。

8つの魔法の言葉

1「誰とも比べない」
2「楽しいから繰り返す」
3「答えは一つじゃない」
4「泥を塗らない」
5「30年後を考える」
6「親は先生じゃない」
7「ママは太陽」
8「家族は最小のチーム」

8歳までは100パーセント、親が子どもをつくる

「うちの子は、挨拶ができない」「思考力が今ひとつだけど……」

そんなふうに思うなら、原因は子どもではなく、親であるあなたがそのように育てたということです。親をイライラガミガミさせる子になってしまったのは、子どもには責任はなく、まったく悪くありません。親の指示が間違っていたか、子どもが指示を理解できなかったか、のどちらかです。

「片づけなさい」と言われても、経験の少ない子どもは「片づけ」とは何を指すのかわかりません。具体的に片づけのお手本を見せ、何をどうすべきかを、子どもがわかるまで伝えます。第5章でもお伝えしたように、「生活のルール❶お手本を見せる」「生活のルール❷ダメ出ししないで何度でも教える」ことが正しい親の指導です。

「8つの魔法の言葉」は、私自身が母親として子どもの教育に携わってきたなかで、先を行く教育者たちから授けていただいたものをベースに、なおかつ、「IQ200グローバル教育メソッド」として取り入れて効果の高かったものを厳選しています。一つひとつ解説しておきますので、つらくなったり行き詰まったりしたら、ぜひ読み返してくださいね。

魔法の言葉❶「誰とも比べない」——うちの子はスペシャル！ 相対値ではなく絶対値で育てる

子育てにとって一番無駄で意味がないことなのに、ついやってしまうことがあります。

それは、自分の子どもをほかの子どもと「比べる」ことです。

同じクラスや近所の子、習い事が一緒の子たちと比べ、「うちの子は成長が遅いのかしら」「〇〇ちゃんはすごいわ」などと考えてがっかり……。そして、つらい気持ちになり自分を追い込んでしまうこと、ありませんか？

学習以前のオムツ外しなどは、多くのご家庭で経験されるのではないでしょうか。「○○ちゃんより1カ月早く2歳8カ月でオムツが外れた！」「3歳3カ月なのにまだ外れない。周りにも責められてもう泣きそう……」。叱っても脅しても外せるものではないのに、子育てに夢中になるあまり、視野が狭くなってやきもきします。しかも日本の子育ては、「何カ月でこれができなくては」と、周囲と比べて平均値を気にする傾向があり、親は常に責められているようです。

わが家でも、一人目の長女のときは早くオムツを外さなきゃと、何度も失敗しながらトイレトレーニングをしました。今思えばトレーニングの開始が早すぎただけなのに、期待して失敗してイラついて、まったく無駄な時間でした。3人目のトイレトレーニングは、いつだったのかも覚えていません。発達や成長はその子独自のもので、8歳を過ぎれば、一人ひとりの個性やよさが出てくるので、ほかの子との少しの差を気にして焦る必要はないのです。兄弟や家族と比べたり、自分の子どものころと比べたりするのも禁止！

比べることをやめたい！

もちろん個々のやり方でかまいませんが、私の場合、比べてしまうときは、その対象を徹底して見ないようにしました。雑誌やテレビの情報、幼稚園に飾ってあるほかのお子さんの絵、学級通信に掲載している表彰された作文など、見ると「○○ちゃんはすごい」「あなたも頑張れ」と、わが子に無言の圧力を与えてしまいかねません。

そこで意識的に視界から外し、横で比べず縦で比べるように変えたのです。つまり年齢やクラスなどの横軸で相対的に比べず、その子自身の成長という時間軸で、伸びた部分の絶対値を見るようにしたわけで、この作戦はうまくいきました。今では「うちの子はスペシャル！」「誰とも比べる必要はない」と、心の底から思えるようになり、学級通信もしっかり拝見しています。

魔法の言葉❷「楽しいから繰り返す」——何度でも繰り返させるコツ

子どもは何回同じことを言えば、記憶できるか知っていますか？

答えは13回。

それくらい同じことを伝えないと、脳に記憶として定着しないといわれています。

そしてもう一つ、記憶として定着させるために必要なのが、短い期間に何度も繰り返すこと。左ページの「エビングハウスの忘却曲線」でも、この必要性が示されています。

見てわかる通り、20分後、1時間後、1日後、6日後……と時間が経過するほど、「節約率」（記憶保持率とも言い換えられます）は低下していきます。

エビングハウスの忘却曲線

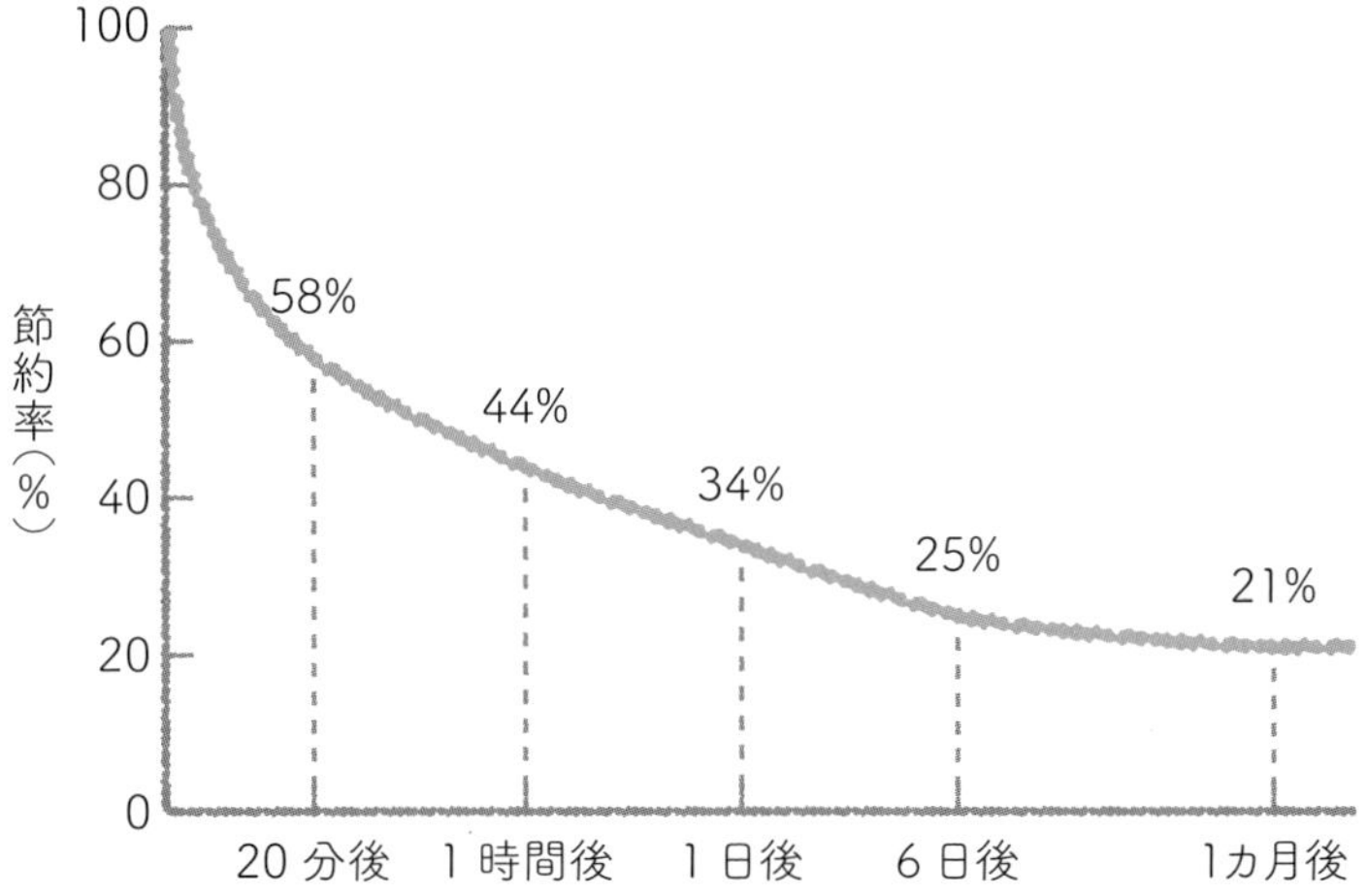

ですから、8つのグローバル基礎力を伸ばす際にも、短い期間に繰り返すことが大事。

ただ、注意したいのは、子どもは興味がないと取り組まないということです。学習には必ず反復が必要ですが、小さい子どもは「楽しい」と感じないと、そっぽを向いたままで、繰り返すことは難しいのです。楽しく学んで繰り返したくなることが、「IQ200グローバル教育メソッド」の一番の特長です。

キラキラ、ヒラヒラ……好きな形や動きでやる気にさせる

子どもを楽しい気持ちにさせる「仕掛け」は意外と単純です。

その子の発達や興味に合っていることはも

ちろんですが、キラキラするもの、ヒラヒラするもの、長いもの、動きのあるものなど、子どもの好きなものには共通点があるので、そこにアプローチすればいいのです。

また、工作も動きのあるものだと張りきってつくったり、ゲームにすると学習も楽しそうだったり、クイズにすると何度も繰り返しやりたがったりします。

第4章では、そのような子どもが「楽しい！」と思う、ちょっとしたコツを織り交ぜた「IQ200グローバル教育メソッド」の遊びを紹介しています。

1秒で子どもをやる気にさせる、とっておきの方法

でも、そうした工夫もせず、もっと簡単に楽しくするとっておきのコツがあります。それは「親が率先して楽しむ」こと。

親が楽しいと子どもも楽しい。その秘密はやはり脳の仕組みにあります。

相手が笑うと脳が自動的に自分も笑っていると勘違いし、楽しい気持ちになるものです。この脳の反応は「ミラー効果」と名づけられ、脳科学ではよく知られた法則です。まるで鏡（ミラー）に映したかのように目の前の相手の感情と同調するわけですね。

特に子どもは、信頼する親の感情に影響されやすいので、親自身の感情を整えることが、まず先にしなければいけないことです。

大好きなパパやママがニコニコと楽しそうにしていたら、子どもも同じようにニコニコします。しかも子どもの好きなもので一緒に遊んだら効果は倍増。お金もかからず今すぐできる、とっておきの天才脳育ての方法です。楽しめば楽しむほど、結果は早く出ます。

魔法の言葉❸「泥を塗らない」——親の価値観を押しつけない

『ファインディング・ジョー「英雄の法則」』という映画に、こんなシーンがありました。

ある村に黄金の立派な仏陀《ぶっだ》の像があり、村人たちはその黄金の像があることを、とても誇りに思っていました。しかしあるとき村が戦争に巻き込まれました。もしも立派な黄金の像があることが敵に知られたら、盗まれてしまうでしょう。そこで村人たちは黄金の像に泥を塗って隠すことにしました。

そして長い戦争が終わり、村人のなかに黄金の像のこと知る人はいなくなりましたが、ある日、僧侶が泥にまみれた像の前で瞑想していると、像の指先が光って見えました。不思議に思って泥をはがしてみると、なんと黄金の像が現れたのです。

本来、私たちも黄金の像であり、成長する過程で余計な価値観や固定観念という泥を塗られるとその本来の輝きが見えなくなっていきます。その泥をはがして自分を取り戻しましょうと、この映画は黄金像にたとえて表現したのでしょう。

子どもは、まさしくまだ泥に塗り固められていない「黄金の像」です。

では、そこに泥を塗るのは誰？　もしかしたら、私たち親が知らないうちに泥を塗って、子どもの光輝く個性を覆い隠してしまっているのかもしれません。

子どもはもともと自分で考え、決断し、伸びていく力を持っているので、黄金のまま成長し、自分で判断できる年齢になれば、「それは泥＝自分に不要」と、自身で判断できるでしょう。今、親ができることは、子どもを黄金のまま成長させ、自分で価値観や概念を築いていけるようサポートすることです。

子どもたちには黄金のまま大人になってもらいたいけれど、そもそも「これは泥、これは泥ではない」と、はっきり分類することは難しいですよね。しかも、これから「何が泥になるかが本当にわからない時代」が訪れますから。過去の経験に基づいた私たち親の価値観は〝泥〟にもなり得るでしょう。

叱ったり注意したりする前に、一呼吸おくことが大事

子どもを叱り、注意したくなったら、一呼吸おいて考えてみましょう。

「これから言うことは泥を塗ることにならない？　親世代の価値観で子どもの健やかな発想を奪っていない？」と。泥になるかどうかをざっくり分類するポイントは、「どんな時代が訪れても大丈夫な子を育てるのに有効か否か」。

たとえば、「人に負けないように勉強しないといい人生を送れない」「一度決めたことはつらくても頑張って続けなさい」「年長者や先生の言うことは正しい」……などなど。

「残さず食べなさい」――これも言うかどうか悩ましいところです。

フードロスの観点からすれば、食事が出される前に食べられないものは避けるよう伝えたり、持ち帰りの準備をしたりするほうがいいかもしれません。

何が泥になるか本当にわからない今だからこそ、母親の子育ての芯《しん》が試されます。

魔法の言葉④「答えは一つじゃない」――世界は多角的に考える力を求める

なぜ今の日本の教育ではなく、「IQ200グローバル教育」でなくてはならないのか？　この問いに、私は息子も通っている国際バカロレア認定校の評価事例を紹介して説明しています。世界160の国と地域において約5800校が国際バカロレアの認定を受けており（2024年3月 文部科学省調べ）、国際的に通用する大学入学資格となっていますが、その評価基準を見て驚く方は多いかもしれません。

息子は現在中学生でMYP（Middle Years Programme）を受けており、保護者会で学期末の成績の評価基準について説明されました。

たとえば数学の評価基準は4つあり、〈知識と理解〉〈パターンの研究〉〈実生活への応用〉と説明され、私を含めた保護者は「なるほど」と頷いていたのですが、最後の評価基準項目は〈コミュニケーション〉と言われたとたんに、保護者らの頭の上には「?」マークが浮かんだようで、隣に座っていた同じクラスのママ友も「途中からなんだか話がわからくなっちゃった」と言っていました。

国際バカロレア認定数学におけるコミュニケーションとは、自分のアイデアや発見を世界共通言語である数字や数学記号などを使って論理的にわかりやすく相手に伝える力のことを指します。嚙み砕くと、数字や数学は世界共通のコミュニケーションツールです。異なる言葉や宗教観を持つ人とも、数字や数学があるから同じイメージを浮かべることができることはご理解いただけるでしょう。評価の実際においては、回答内容そのものを評価するのではなく、その答えをどう導いたのか、そのプロセスを見て、論理的思考や表現力がどのくらい身についているかを測るのです。

これに対して日本の中学校の学習指導要領（令和3年度改定）では、「知識・技能」「思考・判断・表現」「主体的に学習に取り組む態度」となっており、具体的にはペーパーテスト、レポート、ノートの取り方などで評価すると説明されています。

世界の評価と日本の評価、どちらがよい悪いではなく、もしお子さんに国際的な価値観を持たせたいのなら、国際バカロレア認定校に入らなくても、多角的に考えられる力を育てることが必要です。日本では正しいテストの答えは一つかもしれませんが、国際標準のグローバル教育ではその答えは何を意味するか？　その答えをどう使うか？　答えは人の数だけあるのです。

8歳までに行なうべき教育も、テストで高い点数を取るための訓練や、一問一答式の答えを出す訓練ではなく、五感で感じ、多角的に物事を考えられる力が必要です。学校での評価はペーパーテストで決まるとしても、第3章で述べた「8つのグローバル基礎力」を基準に、親が確実にお子さんを伸ばすことができるはずです。多角的に考える力を育てるには、おうちでお子さんと接するときに、次の3つのことを試してみてください。

❶答えを決めてから話を聞くことをやめる

Ex.「今日はお友だちと仲よく遊べた？」の答えは、「仲よく遊べた」だけではない

どんな答えでもいったんは否定しないで受け止める

Ex.「今日、忘れ物しちゃったんだ」と言われても、まずは怒らず最後まで話を聞く

一般論で話をしない。親の個人の意見として話す

Ex.「ママが好き嫌いしないでなんでも食べたほうがいいと思うのは、小さいころによく病気をして友だちと遊べなくて辛かったからよ」

魔法の言葉⑤「30年後を考える」——目線を上げれば、自然とわかる

「子育ての目標は？」

と聞かれたら、あなたはなんと答えますか？

中学受験や大学進学・就職を目標にする親御さんも多いかもしれません。

子育て中は、日々のあれこれに追われ、目先のことばかり気になり、遠い先まではなかなか見通せないものですよね。気持ちに余裕がないと、習い事でふざけている子どもを見てイラついたり、何度教えてもうまくできないと叱ったりしてしまいます。

ならば、少し目線を上げて、30年後にイメージトリップ。

人は120歳まで生きるといわれます。となると、大学受験や就職活動を乗り超えた先の人生もまだまだ長いのです。想像してみてください。成長して40歳近くなった子どもが、タイムマシンで帰ってきたらなんと言うか？　どんなメッセージを伝えてくれるのか？30年後の子どものために、今どんな力をつけてあげたらいいのか？

私たち親が本当に目指すべきところは、そこです。

答えは30年後の子どもに聞いてみよう

「子どもにお手伝いをさせたほうがいいですか？」

とよく聞かれますが、30年後の子どものことを考えたとき、お手伝いをさせないほうがいいと思いますか？

「忘れ物が多いので全部私がチェックしています。子どもが学校で困ることがわかっていても手を出さないほうがいいのでしょうか？」

という質問も受けますが、30年後の子どもはなんと言っていますか？　このように、私にいただく子育ての質問を、そのまま30年後のお子さんに問いかけてみてください。答えはきっとそこにあります。

子育ての成功を決めるのは、親ではなく子ども

毎日一生懸命子どもを育てているママは、それだけで本当に立派です。目の前のことを

やらないと回っていかない生活だということは、私も3児を育てた身としてよくわかります。でも一食くらい白米だけの食事でも、毎日お風呂に入らなくても、実は長い目で見るとまったく問題ありません。

「子育ての成功・失敗」などといいますが、それを決めるのは親ではなく子どもです。その子がその子らしく生きられることこそが、成功ではないでしょうか。

魔法の言葉❻「親は先生じゃない」
――親が先生になると子どもは……

初めて私の英語スクールを訪れたお子さんに「お名前は？」と尋ねると、「○○でしょ、早く言って」と隣でささやく親御さんは意外と多いものです。

実際のところ、参加者の名前は事前に登録してあり、私たちは名前がわからなくて聞くのではなく、その子とコミュニケーションをとろうとして聞いているのです。

子どもは社会との関わりのなかで、自力で伸びる力を持っています。親の役割は、子どもに答えを教えるのではなく、子どもがわからなかったり困ったりしたとき、先生や友だちに聞けるようサポートすることです。

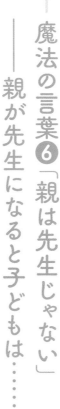

親は完璧じゃなくていい！

第3章の「思考力の伸ばし方」でも述べたように、親が先生を自任して答えを教えてしまうと、子どもの考える力を奪ってしまいます。

国際標準のグローバル教育では、親子でも、先生と生徒でも、教える人と教わる人という関係性ではなく、「ともに学ぶことをサポートする相手」として認識します。

真面目で賢い親ほど、子どものために正しい知識を与えなければ、と思うかもしれませんが、答えだけを教える教育は、これからの時代には必要ありません。一緒に調べてもいいのですが、子どもがわからないことを抱えたまま育ち、自分で答えに出合う経験を見守ってください。

そして、親がなんでも知っているわけではないと子どもが知ることも、大きな学びです。知らないことは恥ずかしくないことや、個性と才能を開花させるためにはなんでも知っていることよりも、その道の専門家、エキスパートになることが大事だと、コミュニケーションのなかで伝えることができます。

子どもが先生、親が素直な生徒になってみたら？

親は先生ではなく、むしろ子どもの素直な生徒になって、「〇〇ちゃん先生はなんでも知っていてすごいね！」と親が感心すれば、子どもはますますやる気になってくれるでしょう。親は自分の味方でありサポーター。「ＩＱ２００グローバル教育メソッド」では、**ママが子どもと一緒に料理をしたり遊んだりするときは、「子どもの位置は親の隣」**とお伝えします。

向かい合って教えるのは先生、親の位置は横。**教えるのではなく横に並んで同じ方向を向いて一緒に遊び、楽しむことが親の役目です。**これからはデジタルネイティブである子どもたちのほうが、親に教えることが多くなるかもしれません。子どもを先生にして、親が教えてもらう立場に率先してなってください。親は絶対正しくてなんでも知っている大人でなくてもいいのです。そして「先生にならなくていいんだ」と肩の荷を下ろすと、思いのほか自分自身の心が軽くなり、子どもと遊ぶことが楽しくなってきますよ。

魔法の言葉❼「ママは太陽」
——まず自分を満たすことが一番の教育効果

その子が「賢い子」かどうかは、その子のママを見ればわかります。

ここでいう「賢い子」とは、脳を十二分に使って考え、行動できる子のことです。

では、賢い子のママの印象を一言で言うと？

それは、ズバリ「太陽」。明るい太陽のように輝いているママです。

これまで多くのご家庭を見てきて、「賢い子のママ＝太陽」説は断言していいと思っています。賢い子のママで憂鬱《ゆううつ》そうで暗いオーラを持つ人には、今まで会ったことがありません。

マルトリやネガティブな気持ちは子どもの脳を傷つける

「マルトリートメント」（マルトリと略されています）という言葉を聞いたことがありますか？　「mal（不適切な）＋treatment（扱い、対応、関わり）」という意味で、「避けるべき子育て」と訳されます。具体的には、

- **子どもの前で夫婦げんかをする**
- **子どもに人の悪口を言う**
- **子どもの話を聞かない。または子どもの話を遮《さえぎ》る**
- **子どもに自分の意見を押しつける**
- **子どもが遊んでほしがっているのにスマホを見ている**

などが挙げられ、このマルトリートメントを受けると、その子の心にだけでなく、脳に

も傷ができることが近年わかりました（極度のストレスから逃れるために分泌されるストレスホルモン＝コルチゾールによる攻撃によって脳が傷つく）。できた傷は残り続け、大人になっても脳の特定の部分に障害が残ることが明らかになっています。ですから、賢い子を育てるなら、ママが家庭でもどこでも明るくポジティブに接することが基本。

「でも……、私は太陽のように明るいタイプじゃないし、いきなり変わるのは無理」と思った方、大丈夫。ほとんどの方は本来、太陽のように明るくはないですから！

1秒で太陽になれる！

実は私も子どもが産まれるまでは、どちらかというと物静かで、めったに笑わない生真面目タイプでした。本来はオタクでコミュニケーション下手かもしれませんが、あるときから「太陽ママ」に変身しました。その結果、特別なことをしなくても子どもたちが穏やかに賢く育っただけでなく、生真面目ママだったころよりも周りが助けてくれるようになり、子育てがずいぶんラクになりました。

太陽ママになるコツは、たった一つ、「女優のように演じること」。

この方法なら、どなたでも1秒で変われますから、ぜひお試しください。

具体的に、太陽ママを演じるポイントは次の3つ。

・機嫌よく接する
・明るく接する
・はっきりと聞き取りやすく話す

これを、お子さんが8歳になるまでの8年間、徹底してやってみるのです。

もっとできそうなら、次のこともプラスしてみましょう。

・明るい色の服を着る
・子どもの顔をしっかり見て話す
・スキンシップを多くする

実はこれ、全国の英語スクールの英語講師の研修で必須の項目なのです。明るく機嫌よくスキンシップすると、子どもたちは心を開いて学ぶスイッチが入ります。

「一般社団法人国際エンパワーカラー協会」代表理事の内藤弘子さんによると、大人が着ている黒い服は、背の小さな子どもにとっては黒い壁のようになってしまい、真っ黒な世界に見えるのだとか。逆に、明るい服を着れば、子どもの色彩感覚も育つそう。

また、太陽のように明るくポジティブでいると、ママ友との関係も良好になるので、本当に有効なコミュニティーからの子育て情報も得やすくなります。

ママが太陽になると家族のエネルギーが変わる

子育て中は、つい子どものことを優先したくなりますが、一番先に満たされなければならないのは、**本当はあなた自身**。自分からあふれる愛情で子どもや家族を満たすのがママの役目です。だから女優のようにきれいでいるために、美容や美味しいものも我慢せず自分にどんどん投資して、自分を満たしてあげましょう。それが結局、子どものためになるのです。夫がいい顔をしないなら、このページを読んでもらってください。ママが太陽になると、家庭の空気がガラッと変わり、エネルギーがあっという間に満ちてきます。

もちろんママができない場合は、パパが太陽になってもかまいません！　あるいは、子どもを取り巻く誰かが、必ず太陽になってください。

魔法の言葉❽「家族は最小のチーム」

——ママはお手伝いさんじゃない

コミュニケーションやコンピテンスの一つである「チーム力」が決め手となる未来、そのチームの原点になるのが、家族です。

家族は社会において一番小さい単位のチームです。子どもは家族との関係から始まり、成長とともに保育園や幼稚園、学校、部活などさまざまなチームの一員になります。「チーム」と似た言葉に「グループ」がありますが、その違いは「共通の目的」があるかどうかで、チームにはそれがあります。

これからの家族は、グループではなくチームを目指してほしいと思います。

共通の目的を持ち、お互いの役割を尊重するチーム。目的はその家族ごとに違ってＯＫ。家族仲よくするでも、楽しく暮らすでも、地域に貢献するでも、なんでもいいのです。

家族が互いを思いやり、助け合い、チーム全員で同じ目的に向かっていくことが、子どもには一番の学びになります。また、チーム内では自分の意見がすべて通るわけではないという学びもあるでしょう。家族に対してできないことは、社会でもできません。

家族のチーム力を上げるルール

ルール❶ 子どもをいつまでも赤ちゃん扱いしない

小さくてもその子にできる役割を、責任を持って全うすることを教えましょう。子どもだからと誤魔化したり隠したりせず、不愉快だと思ったら不愉快だと、はっきり言うようにしましょう。

ルール❷ チームの一員として役割を与える

ママはお手伝いさんではありません。これまで家のことをママがすべて一人でやっていたなら、子どもにも役割を決めて分担しましょう。靴を揃える、食後に食器を下げる、遊んだら片づける、カーテンの開閉など、小さなお子さんでもできることはたくさんあります。任せたからには責任を持って最後まで自分でさせ、できたら全力でほめましょう。家族からの信頼に応える経験を、小さなチームのなかでたくさんプレゼントしてください。

不参加だったパパを家族チームに誘い込む、順番の魔法

子どもに役割を与えると、「小さい子どもを働かせて可哀そう」と、夫や祖父母から言われるかもしれません。

わが家でも、夫は「男の子に料理を手伝わせるなんて、とんでもない」と苦言を呈し、仕事が多忙で、家事も育児もしないスタンスでした。家族のチームは最初は私と子ども3人の、4人チームでした。

でも……。子どもたちと私がお互いに思いやり、協力し合ってチームとして育つ姿を見て何か期するところがあったのか？　あるときからチームへ参加するようになりました。

今ではほとんどの家事や育児を担い、ＰＴＡ会長まで務めています。パパも何歳になって

も変われるのです。

パパが家事や育児に参加してくれないという悩みはよく聞きますが、まずはママの意識を変えると子どもの意識が変わり、最終的にパパの意識も変わります。

家事や育児の意識が低いパパは、6歳児だと思ってください。子どもがチームの一員として力を発揮し、精神年齢も上がってくると、6歳のパパはみそっかすになります。すると、それまで亭主関白だったパパも、自分以外の家族が互いを思いやり、楽しげに家事を分担する姿を見て仲間に入りたくなるでしょう。6歳児なのですから、仲間に入れてあげたら優しく接してあげてくださいね。変わるのは「ママ→子ども→パパ」（もちろん、ママとパパが同時に変わってもOK！）の順番。そして、家族というチームで学んだ子どもたちは、やがて社会のチームのなかで能力を発揮し、より大きくなっていくでしょう。

おわりに

あるママ友との絆《きずな》から生まれた誓い

私が「ピグマリオン恵美子」と名乗って活動することを決めたのは、あるママ友の死がきっかけでした。息子と同じ年齢のお子さんがいる近所のママ友Sさんとは、教育方針が似ていてよくお互いの家を行き来し、私の英語スクールにも初期から姉弟で参加してくださっていました。元バレリーナでしっかり者のSさんはコロコロとよく笑い、毎日きちんと子どもたちに英語や家事をさせていました。

しかしあるとき、Sさんのご主人から連絡があり、Sさんが亡くなったと聞かされたのです。数年前に彼女が、「やだー、健康診断でしこりが見つかって再検査になっちゃった」と笑顔で言っていたことも、「手術で入院するから、英語が終わったあと、子どもたちを預かってほしい」と頼まれたことも、当時小学生だった娘さんを私の家で預かり、家事を手伝ってもらいながら「今ママも頑張ってるね」と話したことも、昨日のことのように覚えています。

Sさんは手術後もいつものように笑顔で楽しそうにしていたので、まさか亡くなるとは思ってもいませんでした。ご主人が連絡をくださったのは、これからも変わらず私の英語スクールで子どもたちを学ばせたいと、Sさんが希望されたからだそうです。Sさんは、やはりこれからの急激な時代の変化を感じ、どんな社会になっても自分の子どもたちに逞しく幸せに生きてほしいと願い、その教育法が私のところにあると信じてくれたのでしょう。

Ｓさんが亡くなったとき、下のお子さんはまだ４歳でした。

幼い子どもを残して逝《い》く無念はいかばかりか——。

この本を手に取ってくださったお母さん方には、もし自分が幼い子どもを残して死ぬとわかったとき、残された子の教育を託せる人はいますか？

そう考えたとき、私は「死ねない」と思ったと同時に、あの聡明なＳさんが心から信じてくれた私の教育法を、ちゃんと確立させなければならない、と思いました。

自分の子どもやスクールの子どもたちが、多少賢くなって喜んでいるだけじゃダメ。

不確実な世の中で、Ｓさんのようにこの教育法を待っている人がいる。

「ピグマリオン」。

私自身もこの言葉に背中を押され、「私たちならできる」と信じ、たびたび口に出して自分も周りも鼓舞してきました。そして、プロの幼児教室の講師でも出せないＩＱ２００という数値を、普通のママたちのお子さんの誰もが獲得できるようにしたメソッド「ＩＱ２００グローバル教育メソッド」をつくりあげ、こうして今、この本を読んでくださっているあなたにお伝えできている。「ピグマリオン」——。現実の壁はいつだって乗り越えられるのです。

日本発祥の子どもが幸せになるすぐれた教育を、今こそ世界へ

今、世界では戦禍や飢餓で多くの子どもたちが苦しみ命を落としています。親であれば誰でも、自分の子どもを戦争や貧困が原因で無惨に死なせたくはないでしょう。だからこそ、今必要なのが、教育なのです。

激動するこれからの世界を、強く逞しく生き抜く力を育てる方策の一つが、このメソッドです。この日本発祥の素晴らしい教育法を、私たちの手で日本全国に、そして世界に広めていくことが、「一般社団法人Global Kids' Mom」のミッションだと思っています。

日々の生活を親子で楽しみながら実践し、お子さんが8歳になるまでのたった一度きりの貴重な時間を大切に過ごしてください。

子どもたち一人ひとりが自分の頭で考え、行動できる大人に成長し、やがてオンリーワンの輝きを放ちながら世界へ羽ばたかれることを、心から願っています。「ＩＱ２００グローバル教育メソッド」は、自分も周りの人も最高に幸せにできる方法だと信じています。

ピグマリオン恵美子

参考文献

- 『Welcome to Your Child's Brain』
Sandra Aamodt,Sam Wang(共著) Bloomsbury Pub Plc USA
- 『幼児教育の経済学』
ジェームズ・J・ヘックマン(著)、大竹文雄(解説)、古草秀子(訳) 東洋経済新報社
- 『親は9割お世話をやめていい』
イゲット千恵子　WAVE出版
- 『超AI時代の生存戦略 —— シンギュラリティ〈2040年代〉に備える34のリスト』
落合 陽一　大和書房
- 『働き方5.0 これからの世界をつくる仲間たちへ』
落合 陽一　小学館
- 『オランダの個別教育はなぜ成功したのか　イエナプラン教育に学ぶ』
リヒテルズ直子　平凡社
- 『イエナプラン 共に生きることを学ぶ学校』
フレーク フェルトハウズ、ヒュバート ウィンタース(著)、リヒテルズ直子(訳)　ほんの木
- 『最新脳科学で読み解く 脳のしくみ』
サンドラ・アーモット、サム・ワン(著)、三橋智子(訳) 東洋経済新報社
- 『最新の脳研究でわかった！ 自律する子の育て方』
工藤勇一、青砥瑞人(著)　SBクリエイティブ
- 『2050年の世界 見えない未来の考え方』
ヘイミシュ・マクレイ(著)、遠藤真美(訳)　日経BP日本経済新聞出版
- 『AI 2041 人工知能が変える20年後の未来』
カイフー・リー〈李 開復〉、チェン・チウファン〈陳楸帆〉(著)、中原尚哉(訳)　文藝春秋
- 『見えない学力が身につく 勉強よりもお手伝い』
粂井優子　セルバ出版
- 『ミラーニューロン』
ジャコモ・リゾラッティ、コラド・シニガリア(著)、茂木健一郎(監修、読み手)、柴田裕之(訳)　紀伊國屋書店
- 『脳のなかの幽霊』
V・S・ラマチャンドラン、サンドラ・ブレイクスリー(著)、山下篤子(訳) KADOKAWA
- 『新・エリート教育　混沌を生き抜くためにつかみたい力とは？』
竹村詠美　日本経済新聞出版
- 『驚くべき学びの世界―レッジョ・エミリアの幼児教育』
ワタリウム美術館(編)、佐藤学(監修)　東京カレンダー
- 『レッジョ・エミリア保育実践入門：保育者はいま、何を求められているか』
ジョアンナ・ヘンドリック(著)、石垣恵美子、玉置哲淳(監訳)　北大路書房
- 『光の中へ：レッジョ・エミリア市の幼年学校の子どもたちに魅せられて』
森田浩章(編著)　つなん出版
- 『0歳～6歳 子どもの発達と保育の本』
河原紀子、港区保育を学ぶ会(著)、河原紀子(監修) 学研プラス
- 『最新脳科学で読み解く　0歳からの子育て』
サンドラ・アーモット、サム・ワン(著)、開 一夫 、プレシ南日子(訳)　東洋経済新報社
- 『子どもの才能は3歳、7歳、10歳で決まる！　脳を鍛える10の方法』
林成之　幻冬舎
- 『子どもの能力は9歳までに決まる』
大久保博之　サンマーク出版
- 『お母さんの「敏感期」モンテッソーリ教育は子を育てる、親を育てる』
相良敦子　文藝春秋
- 『子どもの才能を伸ばす最高の方法 モンテッソーリ・メソッド』
堀田はるな(著)、堀田和子(監修)　あさ出版
- 『アドラー心理学で「子どものやる気」を引き出す本』
星 一郎　三笠書房
- 『できる子が育つ 七田式親子遊び33』
七田 厚　徳間書店
- 『スタンフォード式 最高のリーダーシップ』
スティーヴン・マーフィ重松　サンマーク出版
- 『子どもが勝手に学び出す！ ハーバード流子育ての公式』
ロナルド・F. ファーガソン、ターシャ・ロバートソン(著)、森田由美(訳)　東洋経済新潮社
- 『外国語学習の科学：第二言語習得論とは何か』
白井恭弘　岩波書店
- 『英語教師のための第二言語習得論入門』
白井恭弘　大修館書店
- 『第二言語習得研究から見た効果的な英語学習法・指導法』
村野井仁　大修館書店
- 『完全改訂版 バイリンガル教育の方法』
中島和子　アルク
- 『経営者の条件』
P.F. ドラッカー(著)、上田 惇生(訳)　ダイヤモンド社
- 『プロフェッショナルの条件 はじめて読むドラッカー(自己実現編)』
P.F. ドラッカー(著)、上田 惇生(訳)　ダイヤモンド社
- 『ネクスト・ソサエティ 歴史が見たことのない未来がはじまる』
P.F. ドラッカー(著)、上田 惇生(訳)　ダイヤモンド社
- 『脳から見た日本精神　ボケない脳をつくるためにできること』
篠浦伸禎　かざひの文庫
- 文部科学省IB教育推進コンソーシアム
https://ibconsortium.mext.go.jp/
- 「新学習指導要領下における 学習評価及び指導要録の改善について」文部科学省
- 学習評価の在り方ハンドブック
https://www.nier.go.jp/kaihatsu/pdf/gakushuhyouka_R010613-01.pdf
- 「日本の労働人口の49%が人工知能やロボット等で代替可能に」野村総合研究所
https://www.nri.com/-media/Corporate/jp/Files/PDF/news/newsrelease/cc/2015/151202_1.pdf
- 「子どもの発達段階ごとの特徴と重視すべき課題」
文部科学省
https://www.mext.go.jp/b_menu/shingi/chousa/shotou/053/shiryo/attach/1282789.htm
- https://www.jstage.jst.go.jp/article/ninchishinkeikagaku/11/1/11_1_23/_pdf
- 「Effects of the FITKids Randomized Controlled Traial on Excutive Control and Brain Function.」(FITKidsランダム化比較試験が、実行調節と脳機能に及ぼす影響) Hillman CH. ほか(イリノイ大学、アメリカ)
- The International Baccalaureate　MPY
https://www.ibo.org/contentassets/93f68f8b322141c9b113fb3e3fe11659/myp/myp-from-principles-into-practice-2018-jp.pdf

写真提供・メソッド開発協力：松永ゆみ／田中メロディー／角田友佳／Koichi Mark Tanaka／
ソフィア幼児教室 山田明美／藤井 瞳／前田恵梨香／長谷川寿江／
いながきゆり／渡辺美歩／IQ200グローバルキッズ会員の皆さん

本文DTP：土屋裕子（株式会社ウエイド）

編集協力：桜井裕子

IQ200《あいきゅう》
グローバルキッズが育《そだ》つ魔法《まほう》　3〜8歳《さい》

著　者——ピグマリオン恵美子（ぴぐまりおん・えみこ）
発行者——押鐘太陽
発行所——株式会社三笠書房
〒102-0072 東京都千代田区飯田橋3-3-1
電話：(03)5226-5734（営業部）
：(03)5226-5731（編集部）
https://www.mikasashobo.co.jp
印　刷——誠宏印刷
製　本——若林製本工場

ISBN978-4-8379-2999-4 C0037